公共图书馆信息化建设述论

张 颖 盖政艳 著

吉林科学技术出版社

图书在版编目（CIP）数据

公共图书馆信息化建设述论 / 张颖，盖政艳著. --
长春：吉林科学技术出版社，2023.6
ISBN 978-7-5744-0629-2

Ⅰ. ①公… Ⅱ. ①张… ②盖… Ⅲ. ①公共图书馆－
图书馆工作－信息化建设－研究 Ⅳ. ①G258.2

中国国家版本馆 CIP 数据核字(2023)第 136509 号

公共图书馆信息化建设述论

著	张　颖　盖政艳
出 版 人	宛　霞
责任编辑	安雅宁
封面设计	正思工作室
制　版	林忠平
幅面尺寸	185mm×260mm
开　本	16
字　数	255 千字
印　张	11.25
印　数	1–1500 册
版　次	2023年6月第1版
印　次	2024年2月第1次印刷

出　版	吉林科学技术出版社
发　行	吉林科学技术出版社
地　址	长春市福祉大路5788号
邮　编	130118
发行部电话/传真	0431-81629529 81629530 81629531
	81629532 81629533 81629534
储运部电话	0431-86059116
编辑部电话	0431-81629518
印　刷	三河市嵩川印刷有限公司

书　号	ISBN 978-7-5744-0629-2
定　价	90.00元

前　言

　　公共图书馆作为社会文化事业的重要组成部分，不仅拥有丰富的图书资源，更是人们获取知识、文化交流和思想启迪的场所。然而，在现代社会的快速发展和信息技术的飞速进步下，传统的图书馆服务模式已经面临着许多挑战和机遇。为了适应时代的变革和满足用户的多样化需求，公共图书馆亟须进行信息化建设，因此本书旨在探讨公共图书馆信息化建设的重要性，并就该领域的现状、问题与解决方案进行详细分析，全文分为八章，具体章节内容介绍如下。

　　本书第一章介绍了公共图书馆的本质，强调公共图书馆作为一个社会公共机构的特点和功能，并阐述了公共图书馆对社会发展的重要作用。第二章分析了公共图书馆信息化建设的现状，指出当前公共图书馆信息化建设面临的挑战和问题，并提出了改进的方向和策略，以使其更好地适应信息时代的需求。第三章讨论了公共图书馆资源建设与服务，包括资源建设的重要性、服务规划和服务外延的扩展，以及公共图书馆共享服务的实施。第四章重点关注公共图书馆信息自动化建设，从自动化系统建设基础、自动化与自动化集成以及系统结构完善等方面进行了阐述。第五章探讨了公共图书馆信息化管理体系的建设，包括管理内容和实践经验，旨在提高公共图书馆的管理效率和服务质量。第六章着重讨论公共图书馆文献资源建设，包括加强文献资源建设的重要性、建设原则和内容，以满足读者对多样化文献资源的需求。第七章探索了公共图书馆信息化阅读推广，介绍了阅读推广模式、实践和创新，旨在提供更多元化、有趣和有效的阅读服务。第八章讨论了公共图书馆信息资源整合，包括信息整合分类和整合模式，以促进公共图书馆信息资源的有效利用和共享。

　　信息化建设旨在利用先进的信息技术手段，提高公共图书馆的服务质量和效率，实现数字化、网络化和智能化的运营模式。它不仅可以使读者更加便捷地获取图书和资讯，还可以促进读者与图书馆之间的交流互动，实现知识共享和社群建设。从大背景角度出发，我们不难发现信息技术已经渗透到了人们的日常生活中的方方面面。互联网的普及使得人们可以方便地获取各种信息资源，而数字化媒体的兴起则改变了人们阅读和学习的方式。在这样的背景下，公共图书馆作为一个信息和知识的仓库，需要积极应对信息技术的挑战，将自身的服务和资源转型为数字化形式，以更好地满足用户的需求。公共图书馆信息化建设是适应时代发展的必然趋势，也是公共图书馆为用户提供更好服务的重要手段。通过加强数字化资源建设、完善信息技术应用和加强人员培训等措施，我们可以推动公共图书馆信息化建设迈上一个新的台阶，使其成为现代化社会中不可或缺的知识与文化中心。

目　录

第一章　公共图书馆

第一节　公共图书馆的本质

一、公共图书馆概述

（一）公共图书馆的性质与特点

公共图书馆的首要性质是"公共"。这意味着无论社会身份、经济状况以及年龄性别，每个人都可以自由地进入图书馆，并免费享受其中的资源和服务。公共图书馆不仅对公民开放，也对外籍人士和游客敞开大门，为他们提供有关当地文化和历史的信息。因此，公共图书馆是一个真正开放和包容的知识殿堂。

1.公共图书馆的性质

公共图书馆作为一种特殊的文化机构，具有以下几个重要的性质：

（1）公共性质

公共图书馆是社会公众共同拥有和享受的资源。它们以无偿提供服务和资源为原则，不论身份、背景或经济状况，每个人都可以自由进入图书馆并充分利用其中的资料和设施。这种公共性质的存在，既体现了图书馆作为公共事业的意义，也展示了社会平等和包容的价值观。

（2）开放性质

公共图书馆是对公众开放的地方。它们通常设有开放的时间表，以满足人们不同时间段的需求。此外，公共图书馆还鼓励人们积极参与馆内活动，并提供学习和交流的空间。通过开放性质，公共图书馆成为一个集结各类人群、分享知识和经验的场所。

（3）多样性质

公共图书馆收藏了丰富多样的资料和资源。除了书籍，图书馆还收集和提供期刊、报纸、音像资料、电子资源等多种形式的信息。这些资源涵盖了各个领域，包括文学、历史、科学、艺术等等。公共图书馆通过不断更新和扩充自身的藏品，以满足不同读者的需求，并为他们提供获取知识和信息的途径。

（4）教育性质

公共图书馆具有重要的教育性质。它们不仅是人们获取知识和信息的场所，还提供机会进行学习和进一步教育。公共图书馆举办各类培训课程、讲座、研讨会等活动，以促进读者的个人成长和专业发展。此外，公共图书馆还为学生提供学习空间和研究资源，支持他们的学术探索和学业发展。

（5）文化性质

公共图书馆作为文化机构，扮演着传播和保护文化遗产的角色。它们收藏并展示各种文化文献、艺术品和历史档案，通过展览、文化活动等方式向公众传递文化价值和意识。公共图书馆与出版社、文化机构和学术界合作，积极推动文化交流和跨界合作，成为社会各个群体共同参与的文化平台。

公共图书馆具有公共性、开放性、多样性、教育性和文化性等重要特征。它们不仅为人们提供了广泛的阅读资源，还是知识传播、教育和文化交流的重要场所。公共图书馆通过免费开放和各类活动，致力于满足社会公众的信息需求，促进社会的发展和进步。

2.公共图书馆的特点

（1）知识积淀的宝库

公共图书馆的文化结构主要包括文献、建筑、馆员、读者和技术，而文献作为知识的载体是图书馆文化最基本的内容和最集中的体现。人类社会创造公共图书馆模式的重要目的就是为了让自身的文明能够有所积淀和传承。公共图书馆是人类社会时间、空间和价值观的体现。无论是古籍善本、名人手稿、碑帖谱牒、书信档案，还是丛书刊物、票据册子、证章钱币、照片绘画，各类文献载体将人类的历史知识信息予以保存。在众多城市中，公共图书馆建筑已成为城市文化的标志，如象征四本巨著的法国国家图书馆、列入世界最佳建筑设计案例的美国华盛顿州西雅图市图书馆、跻身北京新十大建筑行列的中国国家图书馆二期工程、跻身上海十大文化新建筑的上海图书馆、被誉为"世界文化之窗"的埃及亚历山大图书馆等，都体现出公共图书馆作为人类知识积淀象征和文化传承符号的意义。

（2）公共文化的空间

公共图书馆既是一个平等及免费的社会共享空间，又是一处给人以心灵慰藉的精神家园和幽雅宁静的公共绿洲。公共图书馆在城市化的进程中，给原城市市民与新城市市民提供了一个逐渐融合的缓冲区域。公共图书馆给寂寞孤独者以慰藉，给贫穷无助者以鼓励，给公共文化服务以基本保障，给信息公开和公民诉求铺设了一条社会通道。

公共图书馆是一个文化共享的社会公共空间，它与私人空间相对应，向社会各阶层的公众开放并提供服务。与街道、广场、公园、运动场、文化活动中心等一样，大多数的公共图书馆作为公共文化共享空间，属于国有资产，归全民所有。一些团体或私人出资兴办并提供公众服务的私人图书馆，则可归属于半公共空间，如上海近年来在市中心的社区街道中以书吧或书坊形式开设的微型图书馆，有的采用会员制服务方式，就是属于这种类型。"两点一线"，即从家里的居所出发，经过自助的方式或乘坐公共交通到达工作场所上班，下班再由工作场所返回住所。除了这两种空间选择之外，有人将公共图书馆作为公众的第三种选择，也形象地称之为"第二起居室"。这个第三种选择，体现的是公共图书馆的普适性。公共图书馆一经出现，便成为人们学习、休闲、体验、约会、交流的公共空间。

（3）"没有围墙的学校"

公共图书馆被誉为"没有围墙的学校"，是社会教育体系的重要组成部分，是公众进行终身教育的"城市教室"。在公共图书馆里，公众可以看书、读报、上网、听讲座、看展览、欣赏音乐、参加各类读者推广活动，还可以加入公共图书馆志愿者或社会监督员行列。通过遍布城乡的公共图书馆服务点和网上的数字虚拟服务，公共图书馆创造了人人皆学、处处可学、时时能学的社会环境，并把个人读书与社会读书结合了起来，把个人书房与"社会大书房"结合了起来，把个人网上空间与互联网结合了起来，把个人的自由阅读与图书馆引领学习的推荐导读结合了起来。

公共图书馆为广大公众提供了一个巨大的学习空间。公共图书馆是一个智力开发的场所，体现了面向未来、激扬智慧的价值理念。公共图书馆作为面向公众的知识门户，可为广大读者提供知识的导航。

（4）文化信息的中心

公共图书馆体现了文化的积淀、文化的传播、文化的教育、文化的展示、文化的交流、文化的研究、文化的创新、文化的共享与服务。公共图书馆的文化属性包括社会性、教育性和民族性。作为地区的信息中心，公共图书馆既是文献流、信息流、知识流、人才流、思想流的汇聚地，也是集图书馆、博物馆、美术馆、科技馆、档案馆和文化馆为一体的文化活动中心。公共图书馆像是一台多重触控器，它的触角几乎可以与社会的各个方面发生各种联系和互动，在跨界中进行创新的协作，在拓展中进行互联的共享。

（二） 公共图书馆的重要职能作用

公共图书馆作为一个重要的文化机构，承担着广泛的职能和责任。它不仅提供免费的图书借阅服务，还扮演着教育、社交和文化交流的重要角色。

1. 信息保存

信息保存及传承是一项重要的职能，它涉及将有价值的信息记录下来并传递给后代。这个职能在不同领域中都起到了关键作用。

在科学研究领域，信息保存的职能可以通过出版和存档来实现。研究人员会将他们的研究结果发表在科学期刊上，这样其他人就可以阅读和了解他们的工作。同时，这些研究成果也会被存档在图书馆或学术数据库中，以便日后的参考和引用。

在历史学领域，信息保存的职能则主要通过编写历史记录和收集历史文物来实现。历史学家会根据可靠的证据和文献资料，撰写出详尽的历史记载，以便后代能够了解过去的事件和文化。同时，他们还会积极寻找并保护历史文物，如古代手稿、艺术品和遗址等，以确保这些宝贵的遗产能够传承下去。

在教育领域，信息保存的职能也非常重要。教育工作者会编写教科书和教材，以便学生能够获取到最新和全面的知识。同时，教育机构也会建立图书馆和数字化资源库，以供学生和教师进行学习和研究。

信息保存及传承是保留人类知识和文化的关键，它可以通过出版、存档、编写历史记录和收集文物等方式来实现。这个职能在科学、历史和教育领域中都具有重要意义，为后代提供了丰富的资料和资源。

2. 社会教育

在我国历来有关公共图书馆职能的描述中，开发智力资源，进行社会教育，一直是公共图书馆的主要职能。公共图书馆的智力开发包括：养成并强化儿童早期的阅读习惯，激发儿童和青年的想象力和创造力；启发民众的智力，培养民众进行科学思维和创新的能力。教育功能是公共图书馆的一个古老功能。在古代，学者们利用公共图书馆的文献资源进行学术活动，同时把在公共图书馆中积累的知识传授给学生。现代图书馆职业也一直把大众教育确定为自己的使命，认为图书馆应该是全体社会成员的教师。在我国，公共图书馆的社会教育职能主要体现在：是弘扬和宣传民族文化、爱国主义思想等精神文明的思想建设基地；是提高国民素质、普及科学文化知识、培养终身学习习惯的扫盲教育、自学教育、继续教育基地；是加强各类学习技能、信息获取能力的培训基地；是提供充足的学习空间和学习资料、支持远程教育的学习中心；是支持正规教育、启蒙教育、阅读辅导、自学成长的文化导航和传播中心。也就是说，公共图书馆不仅对接受正规教育的所有年龄段的学生提供学习支持，辅助他们完成正规的教育计划，还对社会公众的持续阅读和教育需求进行满足，提供学习空间和相关资料。

3. 促进阅读

保障民众的阅读权利、促进阅读兴趣的培养和提高，是现代图书馆职业不可推卸的职能。秉承现代图书馆职业理念（即追求理性与知识、尊重知识的平等获取、保障知识的最大利用），公共图书馆的阅读常被视为具有独立意义的文化活动而被加以倡导。在各种不同的公共图书馆思想观念中，推动阅读是共同的目标。

4. 休闲娱乐

人们努力把公共图书馆建成设备先进、设施一流的文化活动场所，并向公众提供学术会议、大型会、报告会、研讨会、音乐会、电影放映、文艺演出、仪式和庆典、文化旅游、游乐场等服务。公共图书馆除了能为民众提供丰富的文化资源外，其宽敞、整洁、温馨的馆舍，舒适的阅览室、桌椅、台灯等设施也吸引着民众前往。另外，公共图书馆也是个人和团体正式或非正式聚会的重要社会中心，尤其在无法提供聚会场所的社区，该功能显得特别重要。从国外的实践来看，美国波士顿剑桥图书馆通过一系列丰富多彩的活动和项目，成为社区培训中心、社区交流社交中心、社区服务中心、社区艺术展览中心、社区信息中心，成功地实现了致力于成为社区公共文化空间的目标。

公共图书馆在发展过程中，其主要职能的具体作用形式也在不断地发生变化，如文化职能的发挥，从最早的保存发展为服务与利用；教育职能的发挥，也是从提供阅读场所、资料发展为参考咨询、远程辅导等。当前的新环境更为复杂，表现为数字鸿沟日趋加剧，商业信息服务机构日益挑战公益服务，公共图书馆如何向相关利益者阐述其存在的理由，如何向社会公众展示其社会价值，如何面向职业打造其核心价值观，这些都需要理论界和实践界同仁的长期共同努力。

（三）公共图书馆服务的重要性

1. 服务是公共图书馆的永恒主题

服务是公共图书馆永恒的主题。"把服务作为公共图书馆的办馆宗旨"，是指在任何情况下不动摇、不偏离、不取代公共图书馆服务，坚持服务是公共图书馆的终极目标和根本目的；"把服务作为公共图书馆一切工作的出发点和归宿"，是指把服务作为贯穿公共图书馆一切工作的主线，始终坚持面向读者，读者至上，服务第一。服务是公共图书馆学创立以来业界学者们研究的一个老问题，也是长谈不衰的新问题，更是公共图书馆人不断探索、不断创新的目的所在。不同的时代、不同的时期赋予了公共图书馆新的思维、新的方法，忽视它、放弃它，公共图书馆事业就失去了可持续发展的动力，公共图书馆学的研究就偏离了主题和方向，公共图书馆人的核心价值就无从实现，公共图书馆学也将被边缘化、空洞化。

随着现代通信技术、网络技术、信息技术在公共图书馆中的不断应用，发展数字图书馆越来越受到业界的重视，数字化阅读也越来越受到用户的青睐，于是有人就认为"发展数字图书馆是现代图书馆的工作重心"。而笔者认为，数字图书馆只是现代技术在公共图书馆中的应用，其目的是更好地做好公共图书馆服务，是为服务提供更先进的技术支撑和平台，使公共图书馆服务有更广阔的空间和舞台。可以说，发展数字图书馆是为了更好地进行图书馆服务，而这一切离不开数字图书馆的支撑。一切公共图书馆开办的宗旨都是服务，也只能是服务。离开了服务，公共图书馆就失去了存在的价值；只有坚持服务，才能推动公共图书馆的全面发展，使之有机地融入社会，与社会建立和谐的、不可分割的关系。

因此，我们认为无论时代怎样发展，也不管新技术、新产品带给公共图书馆怎样的变革，服务永远是公共图书馆的永恒主题，其原因有以下三个方面：

首先，公共图书馆是人造系统，不是自然系统，是一种社会现象。它是人类社会根据需要，由人建立的。建立的目的是满足一定社会或一定人群的需求，服务是它的第一属性。人类文明发展到一定程度，产生和积累了许多"记忆"，这些"记忆"就是历史、知识、思想和发明创造。由于人体大脑存储记忆有限，就产生了记录和交流记忆的文字和记载传播记忆的载体，产生了人体之外存储记忆的图书馆，并伴随着人类的不断发展进步，成为人类社会活动不可分割的一部分。

其次，公共图书馆是人类知识的宝库和信息资源的存储中心；是一个国家、一个民族的文明窗口和文化发展的标志；是社会的宝贵财富，属于公共财产，为公众所有。因此，公共图书馆有义务、有责任为人们服务。

最后，公共图书馆是公共组织，是开放的，不是封闭的。由于它收藏的图书资料是社会共有的，建立的目的是为一定的社会与群体服务，因此它具有公共性、开放性、教育性、服务性、保存性。它既要为人类社会保存这些图书资料，又要用这些图书资料服务于社会、提高全民族的科学文化水平和国民素质。因此，它要面向全社会开放，被人们充分利用。

2.服务是一种竞争

服务是公共图书馆的一种生存竞争模式。随着网络技术、信息技术的不断发展，我们必须清楚地意识到，公共图书馆作为信息服务的中介机构正在接受前所未有的挑战。网络作为一种无所不及的信息库，犹如一个偌大的、开放的、无围墙的图书馆，上网还是去公共图书馆，让读者有了选择，有了比较，公共图书馆不再是大众获取信息的唯一渠道。

21世纪以来，在全球经济一体化的时代背景下，企业的竞争已经由产品及价格的竞争逐渐转移为对客户的争夺。有人这样形容21世纪的社会特征：科学技术日新月异，信息资源铺天盖地，知识经济突飞猛进。在这种环境下，公共图书馆成了必须适应用户需求的产品，图书馆服务成了主宰公共图书馆生存的主要指标。因此，我们必须树立这样一种观念：服务是公共图书馆与读者之间情感交流、信息沟通的平台。集爱心、细心、耐心于一体的全心全意的完美服务是现代公共图书馆的核心竞争力所在。通过服务，可建立起公共图书馆与读者之间的亲情、友情以及相互间的信任。这种面对面、心贴心的服务竞争效力是其他任何一种竞争形式都难以做到的。服务是竖立品牌的捷径，服务是诚信的表现，服务是竞争优势的体现。

3.服务是一种品牌

服务是公共图书馆的一种品牌。在网络时代，大家都说"网络经济是注意力经济，注意力经济的核心战略就是创建知名品牌"，可究竟什么是公共图书馆的品牌？笔者认为，如果一个公共图书馆能够通过自己的某种独特性、一定的规模和馆藏、某一信息产品或某一特色服务，在同一行业中形成差别优势，那么，这种优势就是品牌。

公共图书馆服务也是一种品牌。读者进入公共图书馆，环境是第一视觉。一个公共图书馆的核心竞争力是什么？是服务。公共图书馆完善地服务包括：热情、周到、开放、亲切的借阅服务，准确、迅速地咨询服务，积极、主动地图书馆利用服务，等等。但作为一种品牌，仅有这些还不够，服务的极致在于给人以惊喜，即服务已超出读者的想象和预期的结果，读者因受到超值的服务而喜出望外。这是一种超附加值的劳动，其核心是高效+优质+个性内涵。什么是个性化服务？就是在不违反法规和道德的前提下，让读者获得满意+惊喜，其实质就是站在读者的角度为读者着想。

4.服务是一种文化

公共图书馆文化，是指公共图书馆在长期历史发展过程中积淀而成的，维系和推动公共图书馆生存和发展的，由多种要素相互辐射、相互渗透、相互制约的有机综合体。其要素主要有图书馆精神、图书馆价值观、图书馆哲学、图书馆目标、图书馆规章制度、图书馆形象、图书馆环境、图书馆道德规范、图书馆管理方式方法、图书馆活动仪式及图书馆信息服务方式等。它们之间相互交织贯通，凝聚成强大的精神力量，并渗透到公共图书馆工作人员的行为之中，形成一整套具有公共图书馆特色的思维方式、工作态度及行为风格，使公共图书馆不仅可以作为一种组织而存在，而且还能作为一种精神、一种群体文化辐射于社会的各个方面。

公共图书馆文化实质上就是公共图书馆服务文化。服务文化是一种管理型文化，它是公共图书馆在读者服务工作中形成的理论观念、制度规范、行为准则和组织架构的总和。公共图书馆是人类文明的积淀和智慧的结晶，是收集文化、保存文化、经营文化、生产文化、传递文化的服务平台。在长期的事业发展过程中，公共图书馆逐渐形成和确立了自己的文化，而公共图书馆文化最终是通过公共图书馆服务得以体现的。

（五）公共图书馆服务的发展

1.公共图书馆服务的本质

在现代社会，公共图书馆服务是一种有着丰富内容和重要意义的工作。它是公共图书馆工作的重要组成部分，是公共图书馆这个组织联系社会与用户的桥梁，是公共图书馆工作的最终价值体现，是公共图书馆工作的出发点和最终目的，也是公共图书馆为社会的物质文明、政治文明和精神文明建设做应有贡献的主要途径和手段。公共图书馆是文献信息的服务中心，而公共图书馆馆员作为信息资源的管理者，一方面，无论是面对传统的印刷品信息资源，还是面对现代化的电子出版物及网络信息资源，都应利用自身的知识和技能进行有序的管理，主动搜选、编辑、加工、提炼、生产、再创信息，以便向用户提供快捷的、高质量的、针对性强的信息资源；另一方面，要成为信息资源管理的专家，在信息社会中扮演并担负起"信息导航者"的角色，辅导读者合理利用文献信息资源，引导读者以最快、最佳的方式查找所需文献，并且在整个服务过程中，要遵循省力原则，要知道"查找、利用、方便"是吸引读者的关键。在新时代，我们应积极构建全新的知识服务平台，提高用户的信息意识和信息能力，以读者为中心，只有这样才能赢得更多的读者。

公共图书馆各项工作的最终目的是为读者提供服务，读者对文献信息资源的使用情况和满意程度是评价公共图书馆业绩的重要指标。在当前网络环境下，公共图书馆如何站在读者的角度，想读者之所想，急读者之所急呢？唯有充分利用各种现代化手段和资源，及时了解并解决读者提出的各种问题，与读者建立一种相互依赖、相互支持的关系。

信息技术迅猛发展与Internet席卷全球，证明了信息资源共享、信息服务的网络化已经是不可逆转的潮流。网络环境在给公共图书馆服务工作带来前所未有机遇的同时也带来了挑战。公共图书馆应抓住这个机会，对信息资源的收集加工、整理服务赋予新的内容和方式。公共图书馆的整体组织、人员安排、业务流程都要不断适应网络环境的要求，传统的服务方式可以利用网络环境来发挥新的效益。例如，馆内查询、外借预约、馆间互借等服务，可以通过网络功能实现。要在网络环境下对公共图书馆服务提出高水平、高质量的要求，必须对公共图书馆馆员的知识结构提出新的、更高的要求。在信息服务的过程中，随着知识技术含量的加大及向智能化发展，公共图书馆从事读者服务工作的专业人员在工作方式、工作价值、工作效率、工作成果等诸方面必将发生质的变化。因此，要提高公共图书馆馆员应用计算机网络通信等技术的能力。由于现代信息技术在公共图书馆中的广泛应用，公共图书馆与信息用户之间产生了新的变化。随着用户自行上网检索的增多，需要馆员服务的机会在逐渐减少，因此，公共图书馆馆员必须转变观念，提高认识，由过去那种检索服务转变为检索服务与指导服务并重。这就要求馆员必须对网络环境下的检索工具、信息资源、使用方法，包括计算机日常操作、信息检索技术、网络技术、信息存储技术、系统开发与维护等，比一般用户有更多、更全面的了解，以保证在计算机网络环境下，顺利地进行信息处理工作，而且还可以利用网络转变公共图书馆与读者之间原本传统的交流方式和沟通方式。网络环境下公共图书馆馆员必须彻底转变旧的服务思维，重视"人"的因素——以读者为中心，真正树立"读者至上，服务第一"的观念，自觉做好读者服务工作，更好地服务于读者。

现代公共图书馆服务具有几个共同的结构因素：首先，公共图书馆的服务对象是以读者为主体的社会各种组织和个人组成的图书馆服务用户；其次，公共图书馆资源是图书馆开展服务的基础条件，包括文献信息资源、人力资源、设施资源以及其他一切可以为社会和个人所利用的资源；再次，公共图书馆以文献信息为主，包括其他各种形式的服务需求；最后，为满足社会和用户需求的各种手段和方式是服务实现的前提条件。因此综合起来讲，公共图书馆服务就是图书馆为了满足社会和用户的文献信息等多方面需求，利用自身的资源，采用多种方法所开展的一系列服务活动。

（1）在服务中要融入参考咨询

参考咨询是公共图书馆开展信息服务工作的重要途径。一线馆员不能仅仅停留在借借还还的水平上，而应该将咨询服务工作融入读者服务工作的各个环节，及时为读者答疑解惑，最大限度地满足读者对文献信息的需求。

（2）在服务中要做到换位思考

只有站在读者的角度去思考问题，才能更深切地理解读者的心情；只有想读者之所想，急读者之所急，才能大大地提高公共图书馆的服务质量。

（3）在服务中要坚持一视同仁

这里指的是要公平地对待每一位文献信息利用者，要时刻牢记每个公民都应享有的公平公正的待遇；应当区别公民的不同需求，为其平等地提供图书馆服务。

（4）在服务中要自觉用心地服务

这里的用心服务包括热心、耐心、爱心和细心：为读者服务要满腔热情（热心）；服务读者要"百问不烦，百答不厌"（耐心）；接待读者要时时处处为读者着想（爱心）；服务读者要把工作做细、做精，让读者在细微之处能够感受到馆员的真诚服务（细心）。

（5）在服务中要注意交流沟通

馆员可以利用直接为读者服务的机会，了解读者的信息需求及对公共图书馆工作的建议，并在交流中研究其阅读心理和阅读需求，从而提供不同的服务，做好知识中介、信息导航的工作；还可以利用定期举办读者座谈会、设立读者意见簿等方式，与读者交流沟通，以便倾听读者意见，提高服务质量。多年来，传统图书馆与读者交流沟通的方式一般有以下几种：面对面交流，主要指在书刊借还过程中工作人员与读者的接触和交谈；设立"读者意见箱"，获取读者的建议事项；问卷调查，通过流通阅览数据的分类统计，分析读者对所需资源的意向。传统图书馆通过多种形式与读者进行交流和沟通，对于研究读者阅读心理，把握读者实际需求，增进读者对图书馆的了解，提高文献资源的利用率，都起到了一定的促进作用。但是，由于受工作方法和工作手段的限制，传统图书馆与读者交流沟通的面比较窄，难以做到深入、及时、互动、持久、有效，因而此项工作的效率有待提高。

2.公共图书馆服务的特点

现代公共图书馆读者服务工作正在凸显出一些与以往不同的特点，特别处于网络化的时代，由于网络技术的发展和应用，使公共图书馆向数字化、网络化和虚拟化发展，导致公共图书馆的传统观念发生变化。随着网络时代的到来，作为人类知识宝库的公共图书馆正在发生着深刻的变化，它不再是保存和利用图书的场所，而是逐步发展成人类的知识信息中心。在网络环境下，公共图书馆的地位将大大提高，公共图书馆的服务必将成为图书馆建设中最为重要的内容。

网络环境下公共图书馆的信息服务是一种高效的网络化、数字化服务，是现代信息服务的高级形式，它在服务思维、服务内容、载体形式、服务策略与方式等方面都有别于传统的信息服务，其主要特点主要表现在以下几个方面：

（1）服务思维的信息化

信息服务首先是一种观念、一种认识和组织服务的思维。信息服务思维是开展信息服务工作，确定信息服务策略、方式与模式的准绳和理论基础，是信息服务的灵魂。知识经济的迅速发展以及用户在网络环境下呈现出对知识的迫切需要，促使公共图书馆必须在知识服务层面上下功夫，有效地收集、组织、存贮信息资源，根据用户的需要对信息资源进行深层次开发，挖掘其中隐含的知识，提供解决问题的方法。信息服务的价值主要体现在其为社会经济发展提供服务的知识含量以及信息的数量上。

（2）服务内容的知识化

服务内容的知识化，是指以信息用户的需要为目标，将公共图书馆信息服务的工作重点从文献利用转移到知识运用上。强调信息资源的开发与利用，不仅指为信息用户提供信息线索及相关文献，更主要的是从复杂的信息资源中获取解决现实问题的知识信息，将这些知识信息融合重组为相应的问题解决方案，并将之转化到新的产品、服务或管理机制中。

（3）服务载体的网络化

网络环境，以数字化资源为基础，以网络技术为手段，实现了跨越时空资源的共建共享。公共图书馆的馆藏不仅包括各类载体的本地数字信息资源，而且包括大量网上的虚拟数字信息资源。互联网的真正价值就在于：它可以通过四通八达的"信息高速公路"快速传递信息资源；它彻底地改变了传统的信息提供方式和获取方式，将分散于不同载体、不同地理位置的信息资源以数字的形式存贮起来，并通过网络相互连接，真正实现了信息资源共享；用户可以根据自己的需要，自由地访问那些适合自己的信息资源，极大地增加了他们的信息资源拥有量，进而提高了整个社会的信息获取能力。网络化公共图书馆的建设，打破了传统图书馆的封闭服务思维。它通过局域网和互联网实现了各种数据库资源的共享；通过网络资源的共享，公共图书馆的服务范围在不断扩展，形成了服务的无区域化。无论在国内还是国际，这种变化趋势的进程都在加快。目前大多数公共图书馆已经同 Internet 联网，这种变化的最终目标是：摆脱"图书馆仅为特定读者群体服务"的思想束缚，面向社会开放；开展多种形式、多种渠道的信息服务，满足社会对信息的需求；更好地为社会各界服务，形成"大图书馆服务于大社会"的氛围。

（4）服务方式的多元化

网络环境下，数字文献的服务实现了网络化，用户可以通过信息网络同时进行访问、检索和下载，如利用数据库开展定题服务、课题查询或追溯服务等，都是数字图书馆为用户提供服务的重要方式。公共图书馆在网上发布各种文献资源的消息，不断地向用户提供所需要的信息和知识，用户可以在任何一个地方通过终端以联网的方式查找所需的信息。数字信息的检索技术不再单纯地采用传统图书馆中惯用的关键词及逻辑组合的方式，而是可以通过智能式人机交互方式来检索信息。公共图书馆利用互联网上的虚拟信息开展信息服务，主要包括：利用互联网上的各类网站和搜索引擎按学科或专题建立网上学科导航站或学科指引库，并存放于某一网页，引导用户浏览或检索相关信息；利用互联网上的各类网站和搜索引擎按学科或专题搜集、下载、筛选、分析、重组、整合以建立专题数据库，然后向特定的用户提供服务，而用户可以通过自己的语言不断地与系统进行交互，逐步缩小搜索目标，获取自己所需的文献资料。

（5）服务中心的人性化

这一转变主要体现为公共图书馆管理上的人性化，即公共图书馆在注重信息服务的同时，开始注重对人文环境的建设。信息服务方面，在提供传统图书借阅服务的同时，重点加强网络建设，突破公共图书馆的时空限制，延长服务时间，拓展服务空间，为各类读者获取信息提供快捷、方便的服务；加强信息的收集、加工、组织，提高网络馆藏信息的数量和质量，为读者提供充分、有价值的信息资源。人文环境建设方面，公共图书馆应有效利用数字化和网络化技术，减少公共图书馆的馆藏空间，相对扩大读者的学习空间，创建舒适的学习环境，提供资料检索、查找、复印、装订等自助式快捷服务，同时建立读者同图书馆的有机联系，使读者特别是学生离不开图书馆。例如，澳大利亚的墨尔本大学把学生证与借书证一体化，同时在入学时，由图书馆为每个学生注册一个校园电子信箱，用于提供在图书馆借阅图书的信息，另外学生可以通过电子信箱预约图书借阅。

（6）服务态度的主动化

服务是公共图书馆的基本宗旨，是公共图书馆的核心功能。网络环境下公共图书馆的服务已经由传统的被动型服务向主动型服务转变，这种转变已经发展成为现代公共图书馆的主要特征之一。这种转变趋势主要表现在以下三个方面：一是公共图书馆的服务方式由信息储藏向信息加工和传递转变，使公共图书馆成为读者获取最新信息和知识的来源；二是主动为科研服务，使公共图书馆成为国内外新学科、新领域、新课题、新动态、新技术成果的跟踪者和信息提供者，发挥信息的时效性，为读者特别是科研人员提供及时、准确的服务；三是主动参与市场竞争，公共图书馆发挥自身的信息优势，改变被动的服务方式，树立市场观念，主动参与市场竞争，根据市场需求，为社会各部门提供各种信息服务。

第二节　公共图书馆信息化建设内涵

一、公共图书馆信息化建设概述

公共图书馆是公益性质的，为推动我国社会发展而向读者免费提供信息的机构。图书馆信息化建设是指为适应信息社会的要求，采用信息组织技术，开发与整合图书馆的传统文献资源和数字信息资源，为读者提供比传统纸质资源和口头交流更快、更高效的信息服务。

二、公共图书馆信息化建设的重要性

在新时期背景下，文化已成为一个国家综合国力的重要因素，大国之间的竞争越来越表现为相互间文化的碰撞与交流，加强文化建设已成为当今时代的潮流。

而图书馆作为社会文化建设的一个重要组成部分，其收藏的文献资料学科齐全、类型多样，对社会文化事业的构建以及个人文化素养的提升起着日益重要的作用。因此，图书馆建设应与时俱进，紧跟时代潮流，迈向信息化的发展道路。由此不难看出，我国对现代公共图书馆信息化发展的重视程度和迫切需求。

（一）公共图书馆信息化建设是适应社会发展的必然要求

与古代藏书楼不同，现代图书馆主张的是"人本位"思想，即图书馆的藏书与服务要以广大读者的需求为原则。随着网络科技水平的快速发展，现阶段读者获取信息的方式已经不再仅仅局限在传统的纸质文献上，社交媒体的出现极大地改变了读者获取信息的方式，人们更加倾向于即时浏览带来的高效率体验，但电子阅览并不能完全取代传统阅读方式。图书馆作为一个信息高度集中，为读者提供文献借阅服务的重要场所，信息化建设水平将直接影响图书馆的生存和发展。图书馆在新形势下只有积极改变传统的管理模式，加强信息化建设，提升信息化水平，有效整合社会资源，才能满足广大读者的现实需求，才能真正适应社会的变化。

（二）公共图书馆信息化建设是图书馆优化服务功能的有效抓手

图书馆作为一个信息资源的集散地，是对社会公众进行思想教育、文化素养教育及丰富人民群众精神生活的重要场所。公共图书馆的服务群体众多，而不同知识层面的读者对图书的选择和阅读倾向差异明显。

因此，图书馆首先必须满足不同读者的需求，保证其阅读的便捷性。数字化技术的快速发展为图书馆的高效运作提供了强有力的保障，读者只要办理了借书证，通过网络就可以突破时空限制，随时随地浏览图书馆的信息。其次要便于图书管理者开展工作。管理者利用信息化技术可以轻松获取读者想要了解的信息，有效地提升图书馆的服务效率。最后是带来容量增容的无限性。现代数据库技术为图书馆信息化发展提供了强有力的技术支撑，相比以往图书馆只有实体馆藏文献，虚拟馆藏的开发和馆际数字化资源共建共享可以方便快捷地为图书馆文献增容。一个信息化程度高、规模相当的图书馆可以存储巨量信息，使图书馆真正成为人类文化知识的宝库，对推动科研和交流具有极为深远的意义。

三、公共图书馆信息化建设资源

概括地讲，图书馆服务资源主要是指图书馆为最大限度地发挥自身功能价值，而将多种资源合理组织建立的动态化有机整体。本章主要分析图书馆服务资源中的相关组成部分，对其中涉及的各种体系展开细致化地探讨，确保多项资源能够优势组合，实现较为科学合理的配置。

（一）图书馆服务资源的内涵

1.图书馆服务资源的基本定义

（1）图书馆服务资源的概念

所谓的图书馆资源，重点是指富有代表性的两种观点：其一是为了实现资源利用的基本目标而获取到的信息集合，在本质上加以分析，其呈现出动态性特征；其二则是多种资源共同组合而成的整体。在本文中主要是针对相关的概念加以分析，同时结合具体的特性展开细致地讨论。

（2）图书馆服务资源的特性

①可用性

图书馆资源通常是为图书馆服务提供便利，因此常常处于被利用的状态，若是失去了可用性价值，将会失去存在的意义。

②有序性

图书馆资源也就是有序的资源，最为显著的一面是图书馆文献资源若是无序存放，将会影响到有序的利用，失去原有的存在价值，有序性是最为基础的标准。我们常说的人力资源整合就是将人力资源有序整理，若是不加以整合，将会失去基本的利用价值，无法彰显出最大化的效益。同样，若是设施资源无序管理，将会失去原有的利用效果。因此，应该重视图书馆资源的有序性，才可保障资源存在的意义。

③整体性

整体性主要是根据具体的方式所打造而成的特定系统，多个要素之间的联系和制约影响，使得不同要素和部分间的不可分割性更加明显。图书馆资源的不同构成要素使得整体充分的反映出来，在各个要素之间的密切关系也凸显得淋漓尽致，整体的效益要明显地大于不同要素的简单相加，也就是"1+1大于2"效应。

④联系性

联系性主要是指系统内部不同组成要素之间的密切关联和基本的影响力，图书馆资源的不同要素呈现出相互依存的状态，同时也能够相互作用，此类关系让图书馆资源内部的联系体现出明显的特殊性，同时也彰显出自身的特征。

⑤动态性

动态性主要是指系统在时间的推移过程中，受到外部环境的明显影响，相应的组成要素发生了较为显著的变化。图书馆资源的动态性让相关资源的发展更为明显，体现出的动态性特征，亦指在时间推移和外部因素的干扰之下所呈现出的明显变化趋势。图书馆资源的动态性使得相应的资源呈现出稳步发展的状态，得到了较为有效的革新。图书馆从诞生到发展至今，其内涵以及外延也有所扩大。

2.图书馆服务资源的构成要素

（1）信息资源

信息资源属于图书馆生存和发展的基本前提，基本的含义涵盖着图书馆能合理利用的全部内容，依照呈现的基本形式分析，文献信息资源以及网络信息资源彰显出明显的代表性，其属于相对独特的资源形式。文献信息资源通常是指图书馆内收藏的，能够符合用户实际需要的信息资源，其中涉及电子型资源和印刷型资源；网络信息资源重点是指存在于计算机网络中的相关信息资源，借助于联机的手段使得用户的实际需要得以及时的满足，涉及静态内容和动态信息。近些年的发展进程中，图书馆信息资源被划分出更为细致的主体，比如现实馆藏和虚拟馆藏等，面对新的发展空间，图书馆信息资源的发展也具备了较为可靠的指导方案。所谓的现实馆藏，重点是指图书馆中真实存在的文献资源，如馆藏文献信息资源；所谓的虚拟馆藏，在广义的层面上加以分析，重点是指的网络信息资源，在狭义的层面上加以分析，主要是指不同图书馆经过实际筛选的资源信息。

（2）人力资源

人力资源对于图书馆的发展影响较大，其属于图书馆发展的核心所在，其中涉及的多位工作人员和具体的管理方式，可以根据实际的标准划分出读书人员的资源和图书馆员等不同对象，图书馆馆员资源又涉及图书馆理论和具体方法，图书馆政策以及法规条例等。正是相关资源的存在，印证了图书馆馆员的智慧结晶。在狭义的层面上解读，人力资源重点是指的图书馆员。近些年的发展进程中，图书馆人力资源的开发和管理往往是结合狭义的层面上落实实际的行动，并未将馆员之外的人视作主要的组成部分。事实上读者在参与相应的管理工作时，可以让相关事业的发展重新散发出自身的魅力和新的活力，如青年志愿者的参与，可以更好地丰富图书馆的人力资源组成体系。

（3）设施资源

设施资源这一词相对妥当，虽然和设备资源相差一字，但是范围会明显地大于设备资源，涵盖着较多的部分，如馆舍和设备等等。设备属于主要资源之一，也可划分出传统设备和现代设备等不同的种类，部分人将现代化设备看作是信息资源，其中涉及自动化系统以及网络技术等，在技术和设备融合到一起之后，也有人称作为技术设备资源，但是在理论层面上分析，技术和设备被归纳于各自的资源范畴之中。设施资源是图书馆最基本的物质条件，特别是现代化设备的配置过程中，其属于富有代表性的标志，因此备受关注。

依照上述提及的相关资源构成，有人会将自身的认识加以提出，认为图书馆中对于资源构成的表述并不完全，对不涉及资金资源提出了质疑。资金是图书馆发展的前提条件，但是在稳步发展的整体进程中，其逐步转变为不同的资源形式，所以并未将其列入至基本的构成要素。在信息技术不断发展的进程之中，多种资源优化整合，特别是在网络环境之下数字化图书馆的构建备受瞩目，图书馆资源也开始向着集成化的趋势前进，尤其是图书馆自动化系统的构建，硬件和软件等多个方面成为不可或缺的主体。从理论层面上加以分析不同的资源，其对于多种资源的重新整合印证了整体的趋势。从侧面上讲，图书馆资源的联系性相对突出，使得实际生活中图书馆资源的配置不再独立。而本文着重分析图书馆资源的基本构成，同时结合相应的资源名称加以分析，整体框架相对明确，主张通过图书馆资源体系为研究工作的开展创造基础性的条件，确保科学化的管理和优化配置顺利达成。

（二）图书馆文献信息资源

1.文献资源的含义

在广义的层面上分析资源，一般是指的天然资源。文献资源相较于天然资源来说，具有较为明显的社会智力特征，属于物化的知识财富，是在人们不断积累和收集的过程中所整合而成的资源总和。文献资源相对宝贵，其融合了智力资源和信息资源，对比于自然资源而言，其记录了人类的发展历程，也彰显出文明变迁的轨迹。国家文献资源的贫富和实际的存取水平，可以充分地体现出国家文明的状态，同时也能验证经济发展的整体趋势，属于较为明显的标志之一。文献资源的合理开发可以对社会发展产生较为明显的影响，所以需要引起高度的关注。历史和经济的多元影响，让不同国度的文献资源呈现出明显的差异，特别是在贫富差距上体现得更加明显。在同一个国家和不同的地区文献资源也存在着显著的差别，通常来说，发达国家和地区的文献资源较为丰富，反之，基本地经济和文化技术落后的国家，相应的文献资源较为匮乏。

文献资源是人类社会发展的产物。人类在改造自然界和社会的实践活动中，获得了来自客观世界的各种信息，这些信息经过人脑的提炼和加工，逐渐转化为知识。知识能够对人类社会的发展产生较为积极的影响。这是因为知识一旦形成，同时和劳动者建立起密切的关系，便会将潜在生产力合理地转变为现实生产力，打造出十分丰富的社会物质财富，以此保证人类社会更加稳定的发展，知识也变成了有效的推动力；知识也能为人类创造物质财富，并能对人类社会的发展产生一定的驱动作用；知识也是一种资源，是一种智力资源，但知识必须依赖一定的物质载体才能存在。

人类社会早期，重点是通过大脑将知识加以储存并传播，因为多种生理因素的限制，导致知识无法在广阔的区域中和充足的时间内加以积累并传播。在社会生产力稳步发展的进程中，人类已经突破了相关束缚和限制，知识的转化更加地到位，变成了很多富有规律的信息符号，寻找到较多的新型物质载体，这些物质载体便是文献。显然，文献当中就蕴藏着人类创造的智力资源。在人类社会的历史长河中，随着文献数量稳步增加和负载知识功能逐步强化，文献在积累和贮存人类知识的过程中也逐渐地成为可以合理利用的宝藏。同时，人类在改造自然界和社会的过程中，通过不断开发和利用人类的知识"宝藏"，借鉴前人的经验和同代人的成果，不断创造物质财富，又促进了社会的进步发展。由此可见，文献已经成为人类社会发展的一种不可缺少的资源。文献不断积累、存贮的过程，也就是文献资源不断积累、存贮的过程。文献积累的数量越多，延续的时间越长，文献资源也就越丰富。从这个意义上说，文献资源是迄今为止积累、存贮下来的文献集合。

2. 文献资源的作用

人类对于文献资源重要性的认识，是随着社会的发展而逐步深化的。生产力相对较低并且技术水平比较落后的古代，人们不可能从多种角度去了解文献，对文献资源的作用也无从探索。即便是发展至今，人类也是更多的将文献纳入至意识形态范畴中，文献资源的认知也处于较为朦胧的时期。只有在科学技术稳步提升、逐渐成为第一生产力的过程中，才能让人们更深刻地感悟文献资源的重要价值。

（1）文献资源是科学决策的重要依据

人类为创造更多地社会物质财富，就需要制定各种相应战略措施和政策。在决策之前，就需要利用经过加工、分析、评价了的文献资源中的有用信息，从中吸取正确的东西，扬弃不正确的东西，为科学决策提供依据。

（2）文献资源向人们展示科学技术的最新成果

当今社会，人类的科学技术成果不断涌现。借助于文献资源，能够让人们清楚地了解科学技术的成果，使得人们更清晰地感知当代世界科学技术的具体发展动向，积极地借鉴丰富的经验，以免出现重复劳动的问题，促使科学研究和现代技术彰显出理想化的发展态势，凸显科学技术对社会和经济的重要推动价值。

（3）文献资源向人们提供足够的精神食粮

在丰富的文献资源中蕴藏着足够的精神食粮，人们可通过文献资源中的知识和优秀文化的精华陶冶情操，提高文化素质和道德水平，促进社会的精神文明建设。一个国家精神文明建设的程度如何，直接反映着一个国家的社会发展水平。同时，精神文明建设落实到位，便可推动社会的物质文明构建进程。我国还是一个物质文明不十分发达的国家，就更需要去充分利用文献资源中提供的精神食粮，在搞好精神文明建设的基础上，去促进物质文明的建设。由此可见，在现代社会中，文献资源能够对社会的发展产生至关重要的影响。为此，很多的发达国家将文献资源与能源和材料相提并论，认定其拥有着十分明确的地位，属于社会和科学技术发展中的"三大支柱"。只有将文献资源的重要价值充分了解，才可让文献资源的建设富有现实意义。

（三）图书馆网络信息资源

1.网络信息资源的定义

概括地说，"网络信息资源（InternetInformationResource）重点是借助于信息技术和通信技术等融合而成的资源"。在因特网飞速发展的进程中，网络信息资源以其独有优势，能更好地满足人们的信息需求。

2.网络信息资源的特征

和非网络信息资源相比，它的独特之处可以概括为以下几个方面：

（1）数量庞大，类型繁多

网络信息资源存储和传播的主要媒介是因特网（Internet），它的来源十分广泛，涉及面广，且种类繁多、更换频繁、无所不包，其内容覆盖了人类知识的各个领域。

（2）发布自由，内容精确度不够，质量良莠不齐

因为因特网提供了便利的发表渠道，为人们争取了较多的空间，让信息发布的随意性和自由度明显强化。但是因为缺乏统一的管理机制，加之质量控制不到位，影响到信息内容的完整性和科学性，信息质量也良莠不齐，以至于现阶段富有价值的网络信息也被淹没在污染信息的海洋中，导致信息的利用受阻。

（3）传播速度快，变化频繁，动态性强

传统信息资源中的传播速度较快且变化较大的非报纸莫属，但是当报纸出版之后，实际的内容将无法更改。但是在因特网上，变化、新生、消亡等信息随时发生，网络信息资源传播速度异常之快，可以实现瞬时交流，导致了网上信息定位比较难。

（4）层次众多，形式多样

因特网上的资源十分丰富，拥有着较多的层次。按类型来分：涉及文本网络信息资源和表格网络信息资源，还有较多的网络书刊和书目数据库等，这属于多媒体和多语种等网络资源的重要混合体；依照专业划分：包含着不同学科领域和不同地理位置上的分布不均衡性，在组织形式上，组织非线性化，超文本、超媒体网络信息资源逐渐成为主要的方式。

（5）交互性强

传统的信息资源流动是单向的。而由于网络的高速发展，可以让人们主动参与到网络资源的探索中，通过网络图书馆获取自身所需要的内容，积极地向着"信息资源高速公路"输送网络信息或通过电子信箱交流网络信息。所以与传统的

媒介相比，网络信息资源的流动是双向的、互动的。

3.网络信息资源的类型

网络信息资源丰富多彩，根据不同的分类方案可以获得不同的分类结果。

（1）根据网络信息资源格式划分

①文本：文摘、文章、电子邮件、词典、主页、索引、小册子、诗、会议文献；

②图像：动画、电影、照片、图表

③声音：环绕声、音乐、演讲；

④软件：程序；

⑤数据：数字的、统计的、结构化文本（比如书目数据和数据库报告）。

（2）根据因特网协议类型划分

①HTTP（超文本传送协议 HypertextTransferProtocol）：互联网上交换文件的标准和规则；

②FTP 文件传送协议（FileTransferProtocol）：允许人们访问和下载在一个远程的 FTP 服务器上拥有的文件，并且将文件从一个计算机传送到另一个计算机；

③Mailto（电子邮件协议）：能通过互联网交换储存于计算机的网络邮件电子信息资源；

④Telnet 被合理地运用至远程连接服务中的具体标准协议：确保用户可以及时地获取另一台计算机上的全部文件，前提是在获得允许之后。

（3）根据网络信息资源的来源划分

①原始网络信息资源。若网站的服务器上确实拥有网络信息资源，并且这些网络信息资源是由网站的所有者创造和生产的，那么这种网站就包含原始网络信息资源；

②二手网络信息资源。如果网站与其他地方的网络信息资源链接，并且这些网络信息资源是在其他地方创造的"第三方"网络信息资源，就像虚拟馆藏做的那样，那么这种网站就包含二手网络信息资源。大部分的链接是外部的，带领读者浏览位于其他服务器上的网络信息资源；

③商用网络信息资源。主要指数据商开发的，具有独立使用平台和专用阅读器，采用有偿的购买获得，其访问方式有：远程的、镜像+包库等方式，访问内容有：包库、专辑、全文、文摘等。

④数字化的文献信息资源。数字化的文献信息资源主要是指各图书馆加工开发的馆藏信息资源，也是图书馆虚拟馆藏的组成部分，并通过使用资源整合和发布平台将其发布到网上使用的那部分信息资源。

⑤有序化的网上信息资源。这种网络信息资源主要是指图书馆将互联网上种

类繁多、规模较大的"信息资源库"进行技术加工，使之有序化、专业化，并将其与本馆其他虚拟馆藏进行有效整合和无缝链接，发布在图书馆网站上使用的信息资源。

第二章　公共图书馆信息化建设现状

第一节　公共图书馆信息化建设的现状

一、当前公共图书馆建设情况

（一）图书馆资源丰富度

在当前公共图书馆建设的现状中，一个重要的指标是图书馆资源的丰富度。公共图书馆的任务之一就是为读者提供多样化的图书资源，以满足他们的知识需求。随着人们对阅读和学习的重视程度不断提高，公共图书馆在图书收藏方面已经取得了显著的进展。各地的公共图书馆积极采购图书，确保馆藏书籍的丰富性和多样性。这些图书包括各种类别的图书，如文学、历史、科学、艺术等，涵盖了不同领域的知识，满足了读者的不同兴趣和需求。此外，公共图书馆还订阅了大量的期刊、报纸和杂志，使读者能够及时获取最新的新闻信息和学术研究成果。除了传统的纸质图书，公共图书馆还开始引入其他媒体形式的资源，如音频、视频和电子书。这些数字化资源的引入不仅扩大了图书馆的馆藏范围，也提供了更便捷的借阅方式。读者可以通过图书馆的电子阅读服务，随时随地访问和借阅电子书籍，大大增加了他们获取知识的便利性。

为了保证图书馆资源的丰富度，公共图书馆还积极与其他图书馆、文化机构和出版社进行合作。这种合作包括资源共享、互借以及数字化资源的采购合作等。通过与各方的合作，公共图书馆能够更好地满足读者的需求，提供更多元化和丰富的图书资源。

然而，需要注意的是，在不同地区和经济条件下，公共图书馆资源的丰富度存在差异。一些发达地区的公共图书馆往往拥有更多的图书和数字资源，而一些偏远地区或贫困地区的公共图书馆可能面临资源匮乏的挑战。因此，应该加强资源分配的公平性，确保所有人都能够享受到图书馆所提供的丰富资源。

总体而言，当前公共图书馆建设在图书馆资源丰富度方面取得了一定的成就。通过不断扩充和更新图书馆的馆藏，引入数字化资源以及与其他机构的合作，公共图书馆能够为读者提供多样化的知识和信息，促进人们的阅读和学习兴趣。未来，需要继续关注公共图书馆资源建设，持续加大对图书馆的投入和支持，使公共图书馆成为社会文化教育的重要基石。

（二）图书馆的数字化转型

随着信息技术的快速发展，公共图书馆正面临着数字化转型的挑战和机遇。数字化转型是指将传统的纸质图书和服务转变为数字化形式，并通过互联网和其他数字技术提供更便捷、高效的图书馆服务。在当前公共图书馆建设的现状中，许多图书馆已经积极进行数字化转型，以适应读者对于数字资源的需求。其中最重要的是建立数字图书馆系统。数字图书馆系统通过将图书馆馆藏的图书、期刊和其他文献资源进行数字化处理，使其能够在线访问和检索。读者可以通过图书馆的网站或移动应用程序随时随地获取所需的数字资源，无需到图书馆现场借阅。此外，公共图书馆还开展了电子阅读服务，通过提供电子书的借阅和阅读平台，满足了读者对于电子书籍的需求。电子阅读服务不仅方便了读者的借阅和归还，还提供了一些额外的功能，如书签、笔记和搜索等，增强了阅读体验。

除了数字化资源的提供，公共图书馆还积极推广数字技术在图书馆服务中的应用。例如，引入自动借还机器和自助图书查询系统，减少了人工操作的需求，提高了借阅效率。同时，公共图书馆也开展了在线培训和教育活动，为读者提供电子资源的使用指导和信息素养的培训。

数字化转型给公共图书馆带来了诸多好处。首先，数字化资源的提供和在线访问使得读者能够更加便捷地获取所需的知识和信息。其次，数字化转型能够节约空间和成本，减少了纸质图书的存储和维护需求。此外，通过数字化技术，公共图书馆能够更好地管理和分析读者的借阅数据，为图书馆决策提供参考。然而，数字化转型也面临一些挑战。其中之一是数字资源的版权问题。由于数字资源的复制和传播较为容易，需要解决如何保护作者和出版商的权益，并确保正版数字资源的可获得性。此外，数字化转型也要求图书馆工作人员具备相关的技术知识和能力，以适应数字化服务的运营和维护。

当前公共图书馆建设正朝着数字化转型的方向发展。通过建立数字图书馆系统、推广电子阅读服务以及应用其他数字技术，公共图书馆能够更好地满足读者的需求，提供便捷、高效的图书馆服务。未来，需要进一步加强数字资源的采购和管理，培养图书馆工作人员的数字素养，推动公共图书馆数字化转型的全面实施。

（三）图书馆的社会功能

除了提供图书资源和数字化服务，当前公共图书馆建设还承担着一定的社会功能。公共图书馆作为社区文化教育的重要组成部分，不仅是知识传播的场所，也是社会交流和文化活动的中心。

首先，公共图书馆为社区居民提供了一个学习与交流的场所。在图书馆的阅览室，读者可以安静地阅读、学习和研究，与同样对知识和文化感兴趣的人们分享想法和经验。图书馆还经常举办讲座、讨论会和培训班等活动，为读者提供专业的知识和技能培训机会，促进个人的学习和发展。

其次，公共图书馆通过丰富多彩的文化活动，推动了社区的文化交流和互动。图书馆经常举办展览、演讲、文化节和读书俱乐部等活动，吸引了各个年龄段的人们参与其中。这些活动不仅丰富了社区居民的文化生活，也促进了社区内不同群体之间的交流和了解。

另外，公共图书馆还扮演着促进阅读和培养阅读习惯的角色。通过推广阅读活动，如暑期阅读计划、阅读推荐和阅读大赛等，公共图书馆鼓励社区居民积极参与阅读，并提供相关的支持和资源。这不仅有助于提高人们的文化素养和信息素养，也对个人的学习和发展起到积极的促进作用。

此外，公共图书馆还充当了社区居民获取各种信息的重要渠道。不仅提供了丰富的图书和数字资源，公共图书馆还为读者提供了专业的咨询和指导服务。无论是在研究学术问题，还是在日常生活中需要获取特定信息时，读者都可以向图书馆咨询员寻求帮助和建议。

当前公共图书馆建设在社会功能方面发挥着重要作用。通过提供学习交流的场所，举办丰富多彩的文化活动，促进阅读和培养阅读习惯，以及提供信息咨询服务，公共图书馆为社区居民提供了丰富的文化教育资源，增强了社区凝聚力和文化共享。未来，公共图书馆应继续加强与社区的互动和合作，致力于满足社会需求，推动社区的全面发展。

二、当前公共图书馆信息化建设的问题

（一）硬件设备陈旧更新不及时

信息化建设需要在先进的硬件设备基础上进行，当前大部分图书馆硬件建设相对落后，仍然使用传统落后的计算机设备，导致信息化建设在落实过程中受到

阻碍影响，难以发挥积极地影响作用。硬件设备属于载体部分，如果计算机设备存储功能以及运算处理能力均不能达到使用标准，信息化建设也难以进行，面对这一现状如果想要全面落实信息化建设计划，硬件设备更新亟需进行。建立起无纸化办公体系，信息化系统才能更快速高效地在现场落实完善，为图书馆管理任务开展所服务。

（二）网络通信能力有待提升

处于信息化建设的管理模式下，网络通信系统是不可缺少的部分，只有充分调动控制管理体系，最终的网络管理任务才能高效进行。而当前图书馆建设中网络通信能力严重不足，并没能达到最佳建设管理效果，高校之间缺乏图书馆网络通信共享平台。在这样的通信基础上开展图书馆管理任务，信息化平台功能实现受到严重的限制影响，甚至难以发挥信息数据搜索整合功能，长时间在此模式下也造成管理任务落实受到影响，图书馆信息管理系统也难以发挥实际作用，只能成为管理辅助系统来使用。网络通信能力也是软件性能稳定性的表现，建设期间需要综合考虑软件与硬件的兼容能力。

（三）缺乏信息化管理专业人才

图书馆工作人员长时间在固定模式下，已经形成习惯，对信息化平台接触少，导致信息化建设应用缺乏专业人员维护，管理人员对信息化系统操作功能也不熟悉，导致大部分功能在实践应用中难以落实。高效图书馆管理人员多数为即将退休职工，受工作前景以及薪资水平影响，很难招聘到专业素质过硬的年轻技术人员。而当前的图书馆管理工作中却又急需创新工作能力的管理人员参与投入，急需培训建立一个专业人才队伍操作到信息化建设以及使用中，只有图书馆信息化系统真正发挥功能才能不断扩大影响范围，使人们意识到信息化系统所带来的便捷性，从而替代传统系统成为图书馆管理的主流技术。

（四）信息化资源逐渐老化

图书馆所共享的信息内容过于老化，下载使用性能也因此下降，长时间处于落后的信息体系下，信息数据共享平台的功能性也因此受到影响，当前发展中急需解决这一问题，建立起适合的工作环境体系，才能帮助提升最终工作效率，为管理计划开展建立一个适合的基础环境。信息化资源需要定期维护更新，文献年限上与实际使用达成一致，这样才是有效的，而当前的信息系统中大部分文献信息均为五年前甚至更久远的，在内容上已经与当代大学生文献使用需求产生出入，这样的信息化系统即使已经投入运营使用，也将会因此受到影响，并不能发挥实际作用。老化陈旧的信息资源不仅使用效率不足，还占据大量信息系统存储空间，导致系统运行使用中难以发挥作用。①

第二节　公共图书馆信息化建设的改进

一、公共图书馆信息化建设大方向改进

（一）提高信息化建设意识，提升信息服务水平

当今时代是信息科技时代，高校传统的图书馆模式已无法满足读者对信息资源的需求。因此，高校图书馆必须提高信息化建设意识，基于高校师生读者的信息需求逐步优化图书馆的信息化服务，提高高校管理者的图书馆信息化建设意识，积极培养专业优秀的信息化图书馆管理人员，积极开展图书馆信息化建设的馆员培训教育工作，同时积极引进国内外优秀的图书馆信息化建设人员，真正提高我国高校图书馆信息化建设水平，加快我国图书馆事业信息化发展步伐。

（二）加强信息化设备建设，改善服务基础条件

优质的图书馆服务能彰显高校的文化涵养与品质，作为高校的"第二课室"，图书馆的基础设施建设水平是影响图书馆信息化建设质量的关键因素。加大高校图书馆基础设施资金投入，加强图书馆信息化设备建设，积极引进一些新型的计算机软硬件设备，及时更新图书馆信息基础设施，使高校图书馆基础设施长期保持正常使用状态，满足师生的教学、科研需求。因此，在选购图书馆信息化设备时，需要充分考虑其系统匹配和更新情况，使图书馆局域网能正常连接到 Internet；在计算机软件研发方面，高校应采取有效的激励措施鼓励图书馆工作人员积极构建信息资源，包括电子教材、教学课件、文献数据等信息资料库，增加图书馆的个性化馆藏资源，为师生用户提供良好的信息资源服务，积极提升高校图书馆的应用价值。

（三）强化信息化资源整合，提升信息资源品质

随着高校图书馆建设的不断发展，图书馆的纸质文献资源日渐丰富，整体的馆藏资源结构也日益合理化、科学化，但电子信息资源在图书馆总馆藏资源中所占比例并不高，图书馆的信息化建设工作仍需加大力度。因此，将网络技术和计算机信息技术应用到图书馆建设中，可转变传统图书馆的服务模式，优化图书馆对信息资源的加工处理和存储应用。强化信息化资源开发整合：①图书馆在订购

---

① 高峰.图书馆信息化建设的现状与展望［J］.信息系统工程，2017（10）：149-150.

资源数据库时，要在保持图书馆特色的基础上全面规划图书馆资源的整体架构，充分利用高校自身优势积极构建信息数据库；②图书馆要加强对网络上开放的文献信息资源的二次整合，将其加工成为本馆的个性化信息资源；此外，图书馆应充分利用一些专业网站上的数字化资源，对其加以采集、整理，将其发展成为图书馆的特色资源，逐步深化图书馆信息资源的开发整合，全面提升图书馆信息资源的品质。

（四）实现信息化资源共享，优化信息资源配置

事实上，各高校的信息化发展进程并不保持一致，就图书馆信息化建设而言，信息资源的重复购买是我国高校图书馆信息化建设成本居高不下的关键原因。因此，加强各高校图书馆间的沟通交流，实现信息化资源共享，优化信息资源配置，是节约图书馆信息化建设成本、避免资源浪费的重要措施。我国当前有部分地区的高校设立"高校图书馆联盟"，在联盟内部的高校图书馆可以自由共享任何的信息资源，实现不同高校不同图书馆间的信息获取；此外，也有地区的高校合作研发一个统计的信息化平台，各高校的图书馆可以将自身的信息资源放置平台上，读者可根据自身需求自由获取所需资源，真正实现图书馆资源的互利共享，加快高校图书馆信息化建设速度。

（五）提高图书馆员综合素质，提高信息服务品质

为更好地满足师生对信息资源的阅览和应用需求，高校图书馆应采取有效措施切实提高图书馆员综合素质。①对一线工作的图书馆人员进行定期的信息技能培训和考核，帮助图书馆人员掌握先进的计算机信息管理技术，从根本上提高其业务办理能力，促进图书馆信息化建设水平的提高。②构建行之有效的激励奖惩机制，充分调动图书馆人员的工作积极性，促进馆员自觉提升自身的综合素质。此外，图书馆还应积极引进借鉴国内外先进的数字化图书馆管理经验，改善图书馆管理模式，提高信息图书馆服务品质，促进图书馆信息化建设水平的有效提升。①

二、公共图书馆信息化建设细化改进

（一）引入先进的图书馆管理系统

在公共图书馆信息化建设的改进中，引入先进的图书馆管理系统是至关重要的部分。这样的系统能够有效地整合和管理图书馆的各项业务流程，并提供高效、

---

①邵琨.图书馆信息化建设现状与对策［J］.通讯世界，2016（05）：279-280.

便捷的服务。

一个先进的图书馆管理系统应该具备以下特点：

1.全面地功能覆盖

先进的图书馆管理系统应该涵盖图书馆的所有业务环节，包括图书采购、编目、借还、查询等。这个系统应该能够自动化处理图书馆操作，实现资源的快速检索和借阅流程的自动化，从而提高工作效率和读者满意度。

2.灵活地可定制性

图书馆管理系统应该具备一定的可定制性，以满足不同图书馆的特殊需求。不同的图书馆可能有不同的规模、馆藏量和读者群体，因此需要灵活的系统配置和设置。这样的系统可以根据图书馆的需求进行个性化的定制，以实现最佳的使用体验和适应性。

3.高效的检索和查询功能

一个先进的图书馆管理系统应该具备高效的资源检索和查询功能。读者可以通过系统快速地搜索到所需的图书、期刊和其他文献资源，并获得相关信息，如馆藏位置、借阅情况等。这样的功能可以帮助读者更方便地获取所需的知识和信息。

4.用户友好的界面和操作

先进的图书馆管理系统应该具备用户友好的界面和操作方式，以提供良好的用户体验。这样的系统应该简洁明了，易于使用，使读者能够轻松地进行图书的借还、续借和查询等操作。同时，系统界面也应该具备一定的美观性，以增强用户的使用愿望和满意度。

5.数据统计和分析功能

图书馆管理系统应该具备数据统计和分析功能，以为图书馆决策提供科学依据。系统应该能够自动生成各类报表和统计数据，包括借阅量、流通情况、读者偏好等。通过对这些数据的分析，图书馆可以更好地了解读者需求，优化馆藏和服务策略，提升图书馆的运营效能。

引入先进的图书馆管理系统是公共图书馆信息化建设的关键一步。通过一个功能全面、灵活可定制、具有高效检索和查询功能，用户友好的界面和操作方式，以及数据统计和分析功能的系统，公共图书馆能够实现更有效的资源管理和服务提供，提升读者满意度和图书馆的运营效率。

（二）建立数字化资源库

在公共图书馆信息化建设的改进中，建立数字化资源库是一项重要任务。数字化资源库可以将传统的纸质图书、期刊和其他文献资源进行数字化处理，并通过网络平台提供在线访问，以满足读者对知识和信息的需求。

以下是建立数字化资源库的一些关键步骤和措施：

1.数字化转换

首先，公共图书馆需要对纸质图书、期刊和其他文献资源进行数字化转换。这包括扫描纸质文献并生成电子文件，或者从出版商获取电子版本的文献资源。数字化转换需要使用专业的扫描设备和软件，以确保转换的质量和准确性。

2.元数据标注

在将文献资源数字化之后，公共图书馆需要对其进行元数据标注。元数据是描述文献资源属性和特征的信息，包括题名、作者、出版日期、主题分类等。通过对文献资源进行元数据标注，读者可以更方便地进行搜索和检索。

3.网络平台建设

为了提供在线访问，公共图书馆需要建设一个网络平台用于存储和管理数字化资源。这个平台可以是一个图书馆网站或者一个独立的数字资源库系统。网络平台需要具备良好的可扩展性和安全性，以支持大量的访问和数据传输，并保护用户的隐私和数据安全。

4.用户界面设计

为了提供良好的用户体验，公共图书馆需要设计一个直观、易用的用户界面。这个界面应该能够让读者轻松地浏览、搜索和访问数字化资源。合适的搜索功能、分类导航和过滤选项可以帮助读者快速找到所需的资源。

5.版权管理和许可控制

在建立数字化资源库时，公共图书馆需要注意版权管理和许可控制的问题。确保数字化资源符合相关的版权法律和规定，并采取适当的许可控制措施，以保护作者和出版商的权益。

6.持续更新和丰富资源

建立数字化资源库只是第一步，公共图书馆还需要持续更新和丰富资源。与出版商、学术机构和其他图书馆建立合作关系，获取新的电子资源并不断扩充数字化资源库，以满足读者的不断变化的需求。

通过建立数字化资源库，公共图书馆可以实现更广泛地资源共享和在线访问，提供更便捷、灵活的服务。读者可以通过网络平台随时随地获取所需的知识和信息，提高学习和研究的效率。同时，数字化资源库还可以为公共图书馆提供更多的功能和服务，如全文搜索、个性化推荐等，增强读者体验和参与度。

（三）推广移动图书馆应用

随着智能手机和移动互联网的普及，推广移动图书馆应用已经成为公共图书馆信息化建设的重要方向之一。移动图书馆应用可以让读者随时随地通过手机或平板电脑访问图书馆的服务和资源，提供更加便捷、灵活的阅读和查询体验。

以下是推广移动图书馆应用的一些关键步骤和措施：

1.开发移动应用程序

公共图书馆需要开发适用于不同移动操作系统（如 iOS 和 Android）的移动应用程序。这个应用程序应该具备易用的界面和功能，包括借还图书、检索和查询资源、查看借阅记录等。同时，应用程序还可以包含其他功能，如个性化推荐、在线预约和续借等，以提升读者的使用体验。

2.提供电子资源访问

移动图书馆应用应该提供对电子资源的在线访问。这包括电子书、期刊、报纸等数字化文献资源。通过移动应用，读者可以直接下载和阅读电子资源，无需到图书馆实体去借阅纸质版本。这样使得读者能够随时随地获取所需的知识和信息。

3.实现远程借阅和还书

移动图书馆应用可以实现远程借阅和还书的功能。读者可以通过应用程序扫描图书条形码或输入书籍信息进行借阅登记，然后在规定的时间内自行前往图书馆还书。这种方式不仅节省了读者排队等候的时间，也方便了读者在非工作时间或不同地点进行借阅和还书操作。

4.提供个性化服务

移动图书馆应用可以根据读者的兴趣和需求提供个性化的服务。通过分析读者的借阅记录、收藏列表和搜索行为，应用程序可以推荐相关的图书和资源给读者。这样的个性化推荐功能能够提高读者发现新资源的机会，并增加他们对图书馆的使用频率。

5.宣传和推广

为了推广移动图书馆应用，公共图书馆需要积极进行宣传和推广活动。可以通过图书馆网站、社交媒体、宣传海报等渠道向读者宣传移动应用的功能和优势。此外，图书馆还可以举办培训和推广活动，教导读者如何下载、安装和使用移动图书馆应用。

通过推广移动图书馆应用，公共图书馆可以满足读者随时随地获取知识和信息的需求。开发移动应用程序、提供电子资源访问、实现远程借阅和还书、提供个性化服务，并进行宣传和推广活动，这些措施将有助于增加读者对图书馆的参与度和满意度，进一步提升图书馆的服务水平。

（四）加强数据安全和隐私保护

在公共图书馆信息化建设中，加强数据安全和隐私保护是至关重要的。由于数字化资源和读者信息的存储和传输，公共图书馆需要采取一系列措施来确保数据的安全性和读者的隐私。

以下是加强数据安全和隐私保护的一些关键步骤和措施：

1.网络安全防护

公共图书馆应建立健全的网络安全防护体系，包括防火墙、入侵检测系统和安全漏洞修补等措施。这些措施可以有效防止网络攻击和未经授权的访问，确保数字化资源和读者数据的安全。

2.数据加密和传输安全

公共图书馆应该对敏感数据进行加密处理，包括读者个人信息和借阅记录等。同时，在数据传输过程中使用安全协议和加密通信，如HTTPS协议，以确保数据在传输过程中不被窃取或篡改。

3.访问控制和权限管理

为了保护数据的机密性，公共图书馆应该实施严格的访问控制和权限管理机制。只有经过身份验证的用户才能访问敏感数据，例如个人信息和借阅记录。同时，还应分配不同级别的权限，以限制特定职责和操作的范围。

4.数据备份和恢复

为了避免数据丢失和系统故障对图书馆服务的影响，公共图书馆应该建立完善的数据备份和恢复机制。定期进行数据备份，并将备份数据存储在安全的地方，以便在需要时进行快速恢复。

5.合规性和法律保护

公共图书馆需要遵守相关的数据保护法律和隐私规定，如个人信息保护法。同时，公共图书馆应该明确数据使用的目的，并获得读者的明确授权，遵循合规性原则，并尊重读者的隐私权。

6.培训和意识提高

为了加强数据安全和隐私保护，公共图书馆应该开展培训和意识提高活动，使员工了解数据安全和隐私保护的重要性，并掌握相应的操作规范和安全措施。

通过加强数据安全和隐私保护，公共图书馆可以确保数字化资源和读者信息的安全性，并增强读者对图书馆的信任和满意度。建立网络安全防护体系、数据加密和传输安全、访问控制和权限管理、数据备份和恢复机制等措施，以及遵守合规性要求和进行培训和意识提高，这些步骤将有助于提升图书馆的数据安全性和隐私保护水平。

（五）提供多样化的电子资源

在公共图书馆信息化建设中，提供多样化的电子资源是满足读者需求和适应数字化时代的重要方向之一。通过数字化技术，公共图书馆可以拓展资源类型和形式，为读者提供更丰富、便捷的阅读和学习体验。

以下是提供多样化的电子资源的一些关键步骤和措施：

1.电子书籍

公共图书馆应该建立一个丰富的电子书籍馆藏，包括各种主题和类型的电子书。这些电子书可以通过在线平台或移动应用进行借阅和阅读，使读者能够随时随地访问所需的图书资源。

2.电子期刊和报纸

公共图书馆还可以提供电子期刊和报纸的订阅服务。通过合作或购买电子期刊数据库，读者可以在线获取最新的学术期刊和新闻报道，扩展他们的知识领域和信息来源。

3.在线数据库和参考资料

除了电子书籍和期刊，公共图书馆还可以提供在线数据库和参考资料的访问。这些在线数据库涵盖各个领域的学术文献、专业资料和统计数据等，为读者提供准确、可靠的信息资源。

4.音频和视频资源

公共图书馆可以通过数字化技术提供音频和视频资源的访问。这包括有声书、电子课程、讲座录像等。读者可以通过在线平台或移动应用收听或观看这些资源，满足不同形式的学习和娱乐需求。

5.开放获取资源

公共图书馆可以积极推广开放获取资源，如开放获取期刊文章、学位论文等。通过合作或加入开放获取网络，公共图书馆能够为读者提供更多免费且具有影响力的学术资源。

6.数字档案和特藏

公共图书馆还可以将特殊的数字档案和特藏资源进行数字化，以便读者远程访问和研究。这些资源可以包括历史文献、珍贵手稿、地方记忆资料等，为读者提供深度挖掘和研究的机会。

通过提供多样化的电子资源，公共图书馆可以满足不同读者的需求，并提供更便捷、灵活的阅读和学习体验。建立丰富的电子书籍馆藏，订阅电子期刊和报纸，提供在线数据库和参考资料，提供音频和视频资源，推广开放获取资源，数字化特藏和档案等措施，将帮助公共图书馆适应数字化时代的需求，并促进读者的信息获取与知识传播。

第三章 公共图书馆资源建设与服务

第一节 公共图书馆资源建设

一、公共图书馆收集和整理资源的方法

（一）数字信息资源的收集和整理

1.数字信息资源采选方式

（1）单独采购

公共图书馆服务体系的总馆单独采购数字信息资源，并获得整个公共图书馆服务体系共享使用的授权。东莞市图书馆集群网是单独采购模式的典型代表。集群网的数字信息资源由东莞图书馆单独采购，但是通过购买全市使用权的方式为分馆提供数字信息资源共享服务。鉴于总馆资源购置经费的限制，通常单独采购的数字信息资源的规模都较小。

（2）联采共享

公共图书馆服务体系的全部或者部分成员馆联合采购特定的数字信息资源，共享数字信息资源的并非用户个数。成员馆可以根据本馆需要，灵活选择加入何种数字信息资源的联合采购，以提高馆藏资源建设的针对性。联合图书馆的大多数区级图书馆和部分镇级图书馆均是以联采共享的方式建设本馆的数字馆藏。联采共享通过集合成员馆的力量，有效缓解各馆单独采购数字信息资源的压力。联采共享适合购买价格较高、需求量较大的数字信息资源。

（3）集团采购

公共图书馆服务体系的成员馆以组团的方式采购数字信息资源，各馆之间以

互相开放 IP 的方式，共享其他图书馆采购的数字信息资源。在集团采购中，采购人员代表所有成员馆与资源供应商谈判，有助于降低谈判成本与资源采购价格，并获取良好的售后服务及技术支持。集团采购以其价格优惠、省时高效等优势，而备受公共图书馆服务体系青睐。

2.数字信息资源长期保存

数字信息资源自其诞生之日起就需要持续不断地维护，随着存储载体、识别软件、数据、信息模型和标准等的更新，不断迁移和转换，才能被无障碍地利用。考虑到数字信息资源长期保存需要高昂的成本和先进的技术，公共图书馆服务体系适宜采用委托保存和合作保存的方式。

（1）委托保存

对于公共图书馆服务体系而言，最经济的数字信息资源保存方式是委托资源供给方和图书馆之外的第三方机构集中保存。第三方机构建设数字库房既可以共享维护数据安全与有效的专业技术，又可降低长期保存的费用。数字信息资源委托保存将成为公共图书馆服务体系数字信息资源长期保存的一个发展趋势。

（2）合作保存

不同的组织机构、社会团体之间合作保存数字信息资源是一种被国际社会普遍推崇的长期保存模式。为应对英国数字信息资源安全保存的挑战，大英图书馆、剑桥大学图书馆、英国国家档案馆、英国研究理事会、英国联合信息系统联盟等29个组织机构组建了数字保存联盟。与其他机构、团体合作保存数字信息资源对于公共图书馆服务体系而言也不失为一种经济、稳妥的数字信息资源保存策略。突破壁垒的限制，选择适宜的信息资源建设方式，借助全局性的信息资源共建共享实现信息资源供应的聚合效应。

（二）普通文献的收集和整理

1.普通文献信息资源采选

公共图书馆服务体系信息资源建设的目的是以各馆馆藏资源的联合保障为基础，为用户提供普遍均等的信息服务。因此与单体图书馆各自为政，追求"大而全""小而全"的传统馆藏采选观念不同，公共图书馆服务体系强调信息资源的整体布局和分工收藏，其文献信息资源采选方式主要是协调采选和集中采选。

（1）协调采选

公共图书馆服务体系的成员馆根据各自的收藏范围与收藏重点，分工联合选择和采集文献。协调采选强调区域内图书馆对异质性文献的采集，目的是使各成员馆都形成特色化、专门化的馆藏资源体系。基于成员馆的优势互补，形成完备的地区性文献保障体系。

（2）集中采选

公共图书馆服务体系的总馆集中所有成员馆的购书经费，独立或者与成员馆的采访人员合作选择、集中采购文献。集中采选是对公共图书馆分级财政体制的一种突破，目前仍处于探索阶段，尚未大规模推广应用。为了使采选的文献适应各馆的需求，提高采选工作的针对性，实行集中采选的公共图书馆服务体系大都建立了信息采编中心或成立了采访工作小组。

2.普通文献信息资源编目

文献信息资源保障体系科学与否直接关系到资源共享的效果，作为文献信息资源保障体系建设的基础性工作，文献信息资源编目的重要性不言而喻。文献信息资源组织方式、编目人员的业务水平，以及奉行的编目原则、执行的编目标准等方面的差异，会导致成员馆的馆藏资源书目数据不统一、不规范，从而影响公共图书馆服务体系文献信息资源的共知共享。为了实现编目标准化，公共图书馆服务体系主要采取联合编目和集中编目两种编目方式。

（1）联合编目

公共图书馆服务体系制定统一的编目原则和编目标准，所有成员馆都据此编制本馆的馆藏文献书目数据，进行书目数据的套录、复制、上传、下载，通过成员馆的协作建立实时更新、准确完备的联机联合目录。不同规模等级的图书馆，其员工编目的技术能力参差不齐，由总馆对所有分编数据进行审校并统一记入书目数据库是非常必要的。联合编目通过整合成员馆丰富的书目数据资源和人力资源，避免书目数据资源的重复建设，降低成员馆的编目成本，实现书目数据资源的共建共享。

（2）集中编目

总馆依靠本馆的编目人员和技术设备，全权负责整个公共图书馆服务体系的文献编目工作。集中编目是与集中采选相伴而生的，集中采选使集中编目具备了必要性和可能性。集中编目生成的书目数据质量较高，但总馆承担的编目业务压力较大，从可持续发展的角度来看，集中编目更适合中小型公共图书馆服务体系。

3.普通文献信息资源保存

随着社会、科技、文化日新月异的发展，知识、信息的更新速度加快，文献的半衰期变短。文献信息资源保存就是为了维持馆藏文献的新颖性而开展的馆藏文献剔旧、更新、保存等工作。公共图书馆服务体系主要通过建设贮存图书馆的方式解决系统保存馆藏文献与节省馆藏空间之间的矛盾。

公共图书馆服务体系所建的贮存图书馆主要是集中收藏成员馆中少人问津、但仍有一定参考价值的陈旧文献。这样做在保证了信息资源体系完备性的同时，又便于有需要的读者取用。贮存图书馆在促进公共图书馆服务体系的文献流通、满足读者需求、充分发挥文献的使用价值等方面能够发挥重要作用。

公共图书馆服务体系的馆藏文献通常以科普类和休闲娱乐类文献为主，专业文献相对较少，并且分布分散，因此对读者专业信息需求的满足能力相对较弱。版本图书馆的藏书解决了成员馆藏书品种不足的问题，促进了文献信息资源的共享。公共图书馆服务体系也可以借鉴此种做法，通过设立集中收藏专业性较强的文献的版本图书馆，提升其对专业信息资源的保障能力。

（三）地方文献的收集和整理

1.地方文献收集的途径

地方文献是地方政治、经济、文化和社会事业发展以及风俗、民情、自然资源等的综合反映，因而存在着分散性和复杂性，缺乏连续性和系统性，这些都为地方文献收集带来了困难。一个公共图书馆收集地方文献要想有成效，寻找到有利途径是非常重要的，通过工作实践不断摸索总结，下述途径是收集地方文献不可忽视的。

第一，史志办公室是指导管理和审核编辑一个地区地方志和编写当地中共党史的职能部门。收集和占有大量地方志和专业志编写信息，图书馆依靠他们可以获得各类志书的编写、出版、印刷的情况，便于跟踪收集。

第二，各级政协集中了一批经验丰富、学识渊博的当地名流、学者，专门收集研究和编写当地的文史资料或回忆录或考证文章，这部分资料极富地方特色，参考价值高。图书馆同他们建立征集关系，容易得到支持。

第三，社科联、科协和文联。这三部分是本地区联系和团结各类学会、协会、研究会的社会团体组织。一般来讲，学会、协会、研究会都定期或不定期地编辑出版会刊或论文集。这些出版物主要是根据本地实际对某门学科进行理论探索和研究，具有一定的收藏价值。公共图书馆只要多宣传，不仅可以收集到大量有价值的地方文献，还可以收集到部分作者手稿。

第四，从出版部门的新书征订目录和当地报刊上的消息、新书推荐中寻找反映本地内容的出版物，及时同书店和有关作者联系预订或购买，也是一个不可忽视的途径。

第五，散见于报刊上反映本地区政治、经济、科技文化及工农业生产等情况的文章及图片等，包括发表在公开或内部出版的报刊的文章。图书馆将这些零散无序的资料，按一定的标准和规则进行收集整理，即可形成重要的极具保存价值的历史文献。

第六，废旧物品收购站回收的废旧书刊中，也不乏一些有价值的地方文献，只要肯下功夫，沙里淘金，也会有收获的。

2.地方文献收集的方法

（1）地方文献的传统收集方法

①宣传普及图书馆意识

公共图书馆长期以来，不太注意向社会宣传自身的职能和作用，在一般人眼里，往往认为图书馆是借借还还的清闲部门，对图书馆的职能、作用知晓得不多。要想做好地方文献的收集，必须首先加强向社会宣传的力度，不断向人们普及图书馆意识。让单位和社会人士认识到将出版物或行业研究成果和个人著述送交图书馆保存，是功在千秋的文化积累工作。这样，收集地方文献才会受到重视、支持和理解。

②持之以恒，坚持不懈

公共图书馆收集地方文献不是一朝一夕的工作，要在广泛性和主动性上狠下功夫。实践中采用电话询问、信函联系、上门拜访、召开座谈会等多种多样的收集方法，力争收到实效。图书馆工作人员要克服怕麻烦、收多少算多少的思想，发挥主观能动性，积极想办法寻找线索，一有线索便跟踪到底。

③举办地方文献专题书展

当图书馆收藏的地方文献有一定品种和数量后，就可以举办专题书展，扩大图书馆地方文献工作的影响，带动社会各界人士向图书馆提供信息和主动捐赠地方文献和其他书刊。

④赠送地方文献收藏证

对向图书馆捐赠地方文献的部门、集体和个人，图书馆应代表广大读者对他们支持文化积累工作致谢。如：向无偿捐赠地方文献的个人赠送收藏证书，以资纪念，同时提供借、查、阅资料的优惠条件。

（2）地方文献的创新收集方法

传统的收集工作过分依赖地方文献呈缴制度，大多采取守株待兔、坐等上门的方法，明显跟不上地方文献的发展。面对地方文献激增的现状，在经费和人手均不足的条件下，采取省时、省力、省钱的方法，改善地方文献收集工作的被动局面，做好地方文献的收集工作，有以下两个具体方法：

①LAM进行资源选择性共享

图书馆、档案馆、博物馆作为重要的社会公共文化基础设施，在公共文化服务体系中具有举足轻重的地位。国外通常将这三个文化机构简称为LAM。LAM拥有丰富的馆藏资源，面对着共同的用户群体，都设法为用户提供属于本部门的文化资源服务。只是收集、保管、传播文献的形式略有不同，使得在服务体系中侧重点不同，各自扮演着不同而又相近的角色。有选择性地进行地方文献资源共享，充分发挥LAM各自的长处，在一定程度上可以更好地利用人力、物力、财力，弥补因征集渠道不同造成的缺陷。

②运用多种媒体加强宣传、广泛向群众征集

地方文献的征集也可以利用报纸、电台、电视台等媒体，通过馆内外组织专题活动进行点对点、点对面、面对面的宣传。如建设地方文献、参与文化主管部门的活动、派发宣传单、专题展览活动等。这些举措一方面扩大了图书馆的知名度，更重要的是通过这些开放式活动，广大市民群众可以给图书馆提供很多地方文献征集的有用信息，还有一些热心读者会主动将自家收藏的地方文献如家谱、日记、老照片等送至图书馆，希望能够物尽其用。这也使得图书馆的文献馆藏多元化、民间化，让市民在阅读这些文献时有亲切感。

3.收集地方文献的意义

地方文献在社会和学术界受到广泛重视。记录着某一地区人们从事社会实践、生产实践和科学实践的各种史实和经验，是人类共有的精神财富。是"一方之全史""一地之百科"，是在连绵不断的历史进程中不断延续和生产着的重要的史实性文献资源。后人可以借此不断地认识人类社会和自然世界。所以，加强地方文献资源建设是公共图书馆资源建设的重要任务，是开展特色建设和服务的重要环节。从某种意义上说，地方文献资源建设的成功与否，将会直接影响一个地区的社会和经济发展。

众所周知，地方文献兼容并蓄，既可综观千年，又可横陈百科，集古今科学文化成果之大成。上及天文，下及地理，旁及社会、人文诸事物的方方面面。在浩如烟海的地方文献中蕴藏着丰富的信息资源。古往今来，有许多重大社会变革和技术改造都得益于地方文献的开发和利用。事实证明，地方文献是某一地方人类文化发展到一定阶段的必然产物，具有很高的参考价值和实用价值。在社会迅猛发展的今天，人们对地方文献资源的需求量正在日益增加，对其采集范围要求更宽泛，对地方文献资源整合手段要求更先进，对其整合质量要求更高。

加强地方文献资源建设是公共图书馆基础建设的最主要内容之一。地方文献是一个地区的政治、经济、科学技术、文化教育和社会现状在历史长河中的真实写照。加强地方文献资源建设，对全面发展本地区社会经济、科学技术和文化教育，有针对性地制定规划和政策，推进和构建社会主义"和谐社会"具有重要的意义。

4.地方文献馆藏现状

（1）地方志方面

地方志也称"方志"。即按一定体例，全面记载某一时期某一地域的自然、社会、政治、经济、文化等方面情况的书籍文献，如县志、府志等。地方志有自己独特的写作体例和格式，有严格的选材要求，有各种研究和参考价值，是综合反映一个地区自然与人文的历史与现状发展状况的百科式要述。公共图书馆一般会收藏本地地方志机构编纂的地方志书、综合年鉴等地情资料，还有地方统计部门编写的统计年鉴。此外，驻地的厂矿企业编写的一些专业志书，也会纳入馆藏范围。还有党史研究部门编著的本地党组织简史，地方政协文史委员会的政协文史资料等。这些资料反映了不同时期社会发展的基本概况，对制定本地合理的社会发展规划有着重要的参考价值。

（2）地方媒体及政府出版物

地方媒体主要是以纸媒为主，包括地方党委的机关报，还有面向市民的都市类报纸。在一些文化比较发达的地区，图书馆还会馆藏当地文联出版的文学艺术类的期刊。地方政府出版物包括政府、人大发布的公告、公报。本地经济和社会发展的规划、党委宣传部门和政府委、办、局发行的政策宣传和介绍本部门职能的单行本、小册子等也包括在内。此外，一些地方根据《中华人民共和国政府信息公开条例》的相关规定，将政府信息公开点设在图书馆内，这些公开的信息也可视为与政府相关的地方文献。

（3）地方人士的作品

所谓地方人士，是指对本地历史发展有影响的人物，其作品包括记述和歌咏山川风土人情的游记诗文著作，也包括集体创作的戏剧、曲艺、纪念文集等。

5.做好地方文献工作的措施

俗话说"事在人为""人的因素第一"，搞好地方文献工作，必须提高对地方文献工作重要性的认识，加大地方文献经费和工作的投入，使地方文献工作可持续发展。

（1）加强宣传，提高各级领导与全社会的认识

图书馆人力、物力、财力不足等诸多原因，导致图书馆的地方文献工作宣传力度不够，各级领导、社会公众缺乏地方文献意识，认识不到地方文献的重要性，这增加了地方文献搜集工作的难度。在信息时代，各级图书馆要面向社会，通过各种渠道，利用广播、电视、报纸、网络等公众媒体，加强自我宣传力度，提高各级领导及全社会的地方文献意识，让人们认识到地方文献不可替代的重要作用，自觉保护地方文献并积极参与地方文献的搜集。这样，地方文献工作才能打下坚实的社会基础。

（2）加强继续教育，培养一支素质较高的地方文献专业队伍

图书馆员是连接信息资源与读者用户的桥梁与纽带，一支高素质的图书馆工作人员队伍，是搞好地方文献研究和开发工作的保证。21世纪的地方文献工作者必须具备三项基本素质：一是要有热爱地方文献事业的思想意识。二是具备科学合理的专业知识结构。主要包括图书情报知识和技能、史地文献知识、扎实的古

汉语知识、熟练的计算机应用技能。三是要有较强的公关意识和开拓能力。对现有的工作人员要加强继续教育，通过有计划、有步骤地培训和实际锻炼等多种手段，提高上述三项基本职业素质，尽快形成一支思想素质高、业务娴熟的图书馆地方文献专业人才队伍。

（3）建立地方文献资源数据库

利用现代计算机技术编制地方文献书目、提要、全文数据库，是信息时代地方文献资源开发和建设的发展重点。通过建立标准、规范的数据库，一方面使地方文献信息资源得到充分利用，多角度、全方位满足读者的各种信息要求；另一方面，开展馆际协作，实现地方文献资源的共建共享。

（四）当前公共图书馆地方文献资料收集和整理过程中存在的主要问题

1.缺少规范的收集和整理程序

对于公共图书馆来说，地方文献的收集和整理工作大多没有统一的规划和管理，收集工作较为零散，缺乏一定的针对性和目的性。另外，从事地方文献收集和整理工作的单位不止图书馆一家，其他单位，比如政府文献研究部门、档案馆、政府的档案室以及爱好文献收集和整理的个人，都在进行地方文献的收集工作，并且这些部门和个人收集文献的效率和频率要远远高于公共图书馆，有些地方政府部门的档案馆里保存的地方文献资料的价值和数量都要超过公共图书馆，从而使图书馆在文献的收集和整理工作中根本无法收集到有价值的文献资料。此外，还有一些文物保护部门也掌握着大量地方文献资料，因为许多文献具有一定的研究和考古价值，这些文献也是文物保护部门的重要收集对象，而这些部门之间没有工作上的往来，互相之间也不具有一定的隶属关系，从而导致文献的收集和整理工作相互独立，严重影响地方文献收集和整理的效率。

2.缺少完善的信息化收集规范

信息技术飞速发展，利用网络技术收集和整理文献资料也是一个十分重要的途径。许多地方已经将文献资料制作成电子版并上传到相关的数据库中，公共图书馆在收集和整理文献资料的过程中，只需要对相关数据库的资料进行收集就可以完成。但是，当前公共图书馆还没有建立完善的网络文献收集和整理规范，对于大多数图书馆来说，利用信息技术搜集资料还处于完全陌生的状态，对地方文献的收集和整理更是如此。

3.文献收集和整理具有一定的盲目性

对于公共图书馆来说，地方文献的收集和整理工作的主要目的就是方便读者使用，但是，当前许多图书馆在文献的收集和整理过程中，仅仅重视文献的收集和整理，而不注重读者的使用，使得文献的收集过程缺乏针对性，单纯地为了收集而收集。另外，公共图书馆在收集和整理文献的过程中不重视读者的文化需求，仅仅依靠图书馆员自身的喜好来收集地方文献，从而出现图书馆的地方文献利用率过低，而又无法满足读者需求的情况。

（五）提高公共图书馆地方文献收集和整理工作效率的有效策略

随着社会的不断发展和经济水平的不断提升，地方文献资料变得越来越庞杂，数量庞大的地方文献也给文献收集和整理工作带来巨大的挑战。公共图书馆要想收集全部文献资料显然是不现实的，因此，公共图书馆应该对地方文献收集工作进行科学合理地规划和设计。在具体的收集和整理工作中，应该充分发挥机构间合作的优势，摒弃各自为政的工作状态，有效统筹各个文献收集部门，突出每个工作部门的工作特色，利用各自的工作优势，对收集到的地方文献资料进行有效地整合，从而实现资源的共享。除此之外，公共图书馆还可以通过建设区域中心馆的形式来提高收集和整理工作的效率，明确各中心馆的收集范围，使收集和整理工作目标变得更加明确，进而形成科学完善的收藏体系。采用这种方式，既可以保证地方文献的收集和整理质量，也可以有效地避免资源的浪费。

第二节　公共图书馆服务规划

一、公共图书馆服务功能的转变和拓展

随着信息技术的不断发展，各种电子资料以及资源共享技术不断更新，公共图书馆也有了很大的技术革新。例如有了更加先进的管理系统、二维码扫描系统等等，随着计算机网络技术的逐步更新，公共图书馆的基本配备以及服务功能都被赋予了新的要求。

（一）公共图书馆服务功能需要转变与拓展的原因

1.需要转变与其自身的功能有关

公共图书馆，从本质上来讲是由公共财产生产出来的一个产品，属于政府、商界、工人、学生、艺术等各个领域，就是社会共有的"公器"，伴随着改革开放的脚步，中国人民对知识的渴求加大，思想更加开明，政府对公共图书馆的投入也越来越大，公共图书馆的数量越来越多，吸引到的市民访客逐年增加。很多人都表示，去图书馆已经成了日常生活休闲中必不可少的一个项目。在这样访客越来越多的情况下，作为为社会文化做公共服务的图书馆，除了提供更加明快舒适的阅读环境之外，更要不断创新服务模式，提升服务能力，因地制宜，更好地为

所有来访的民众服务。

2.为了建设社会主义文化强国做出的现实转变

随着新世纪的到来,文化作为民族凝聚力的重要源泉越来越受重视,文化是承载和传播民族精神的载体和形式,只有把文化做大做强,才能使中华民族几千年来的文明成果广为传播并深入人心。国家统筹推进"五位一体"总体布局包括政治建设、经济建设、文化建设、社会建设、生态建设。其中,文化建设包括很多方面,因为现如今文化被赋予了多种形态,图书馆的兴建与发展则是传承这些优良文化必不可少的环节,随着时代的发展,对图书馆的进一步改进和优化成为一项迫在眉睫的工程。

3.为了适应现代化信息传播技术的发展和普及

随着现代化信息传播技术的发展和普及,社会文化公共设施在功能上也得到了进步。公共图书馆集文化与休闲功能为一体,其功能不再仅仅围绕借阅书报展开。因此公共图书馆应不断提升其综合性功能,不再只是单一地提供大家查阅信息和资料,而是给广大市民提供越来越多创新性服务,使他们比起待在家中,更乐意去图书馆,这是图书馆的发展过程中必须考虑到的一个问题。

(二) 如何转变与拓展公共图书馆的服务功能

1.坚持做好图书馆基础服务工作

图书馆的核心任务是管理书籍,不能在拓展的时候忽略了最基础的硬件措施,因此在做任何转变之前首先要检查自身的基础服务是否到位。必须检查图书馆的借出和馆藏的匹配度,在馆藏与借出数量无法兼顾时,图书馆的访问工作应该要坚持借出为大的原则。这样才能更好地利用公共图书馆的馆藏文献,以便扩大公共图书馆的利用范围以及频率。一个图书馆必须要有图书馆空间的三维展示:图书在图书馆的空间分布信息、图书馆的空间属性信息以及各种统计信息等。此外还要有信息采集系统:用于采集和录入图书的各种管理信息,如出入库、借阅等信息。最后还要有信息存储系统:主要应用数据库系统进行各种信息的存取。

2.以为地方经济文化建设服务为宗旨

为了提高地方性的文化建设,各地都争相开始重视本区域的公共图书馆的建设。科技给人们带来便捷的同时,也给公共图书馆内部结构的建设带来了新的转变要求。为此,应当逐步转变图书馆发展理念,让图书馆成为市民查阅文献资料、获得新的知识、休息放松心情的城市公共设施,为地方经济文化建设贡献自己的力量。

3.为科研教学提供特色服务

科技是第一生产力,而人才则是第一资源。随着国家对高素质人才需求的增加，作为公共图书馆的广大潜在用户，高校的师生应该成为公共图书馆的重点服务对象。图书馆是一个面向大众的巨型资料库，而知识分子、科研人员的使用频率比普通读者的高得多。倘若公共图书馆能开拓一个专属的教学科研资料库，为他们建立科学的信息查询系统，根据需要引进多领域的数据库，则不仅能为知识分子以及科研人员提供不少便利，同时也能为国家的人才培养做出一番贡献。

4.拓展图书馆社会服务功能

为了进一步提高公共图书馆的综合性能，在自身硬件设施完成之后，再根据现代化服务建设需要，将图书馆中的馆藏文献和基本的录入借出管理系统、电子点位信息系统综合利用起来，在图书馆周边扩建几项社会服务。这样不仅为当地市民提供更多的社会化服务，同时也能将图书馆资源进行充分利用。综上所述，随着时代的进步，公共图书馆也应该向服务大众的方向改进，提供除了借阅书籍以外的便利活动。服务社会已经成为公共图书馆不断改进所遵循的宗旨，本着这一宗旨，公共图书馆一定会越来越被大众欢迎与喜爱。

（三）公共图书馆服务功能转变与拓展的必然性

1.本质属性的具体体现

图书馆特别是公共图书馆，从本质上来讲，是由公共财政投资、建设、运营的公共产品属于典型的社会共有的"公器"。改革开放以来，尤其是近年来随着各级党委政府对文化事业重视程度的不断增强，公共图书馆财政投入逐年加大，图书馆的数量不断增多，规模持续扩大，基础设施条件日益改善。图书馆丰富多彩的藏书、舒适高雅的氛围、清新宁静的环境吸引了越来越多的人，去图书馆已成为人们生活中越来越重要的内容。在这种形式下，各级各类公共图书馆作为社会公益文化事业单位，理应立足自身实际，因地制宜，科学规划，通过优化业务流程、深化服务内涵、拓展服务空间、创新服务模式，不断提升服务能力，更好地为社会大众服务。

2.适应社会主义文化强国建设的现实需要

文化越来越成为民族凝聚力和创造力的重要源泉、越来越成为综合国力竞争的重要因素，面对当今世界各种思想文化相互冲击的大潮，面对国家发展和人民生活改善对文化发展的要求，面对社会文化生活多样活跃的态势，党的十八大提出了建设社会主义文化强国的目标，并明确指出："文化实力和竞争力是国家富强、民族振兴的重要标志。要坚持把社会效益放在首位、社会效益和经济效益相统一，推动文化事业全面繁荣、文化产业快速发展。"公共图书馆向个人和团体提供获得广泛多样的知识、思想和见解的途径，为社会的发展起重要的作用。因此，发挥自身优势，不断转变和拓展服务功能，是公共图书馆为树立高度文化自觉和文化自信，促进社会主义文化强国建设而应承担的义不容辞的职责和任务。

3.满足人民群众不断增长地精神文化生活的需求

进入21世纪，人类的工作方式和生活方式都发生了深刻变化，其中突出的是工作、劳动时间逐渐缩短。随着我国经济的发展，人们的物质生活水平不断提高，我国双休日的实施和法定假日不断增多，为人们丰富自身的文化生活、发展自己的兴趣爱好提供了可能，学习、休闲、娱乐成为人们生活的组成部分。在人们文化生活需求趋于多元化的同时，一个集增长知识、陶冶情操为一体的学习场所，一个既温馨亲切而又可自我休闲的地方越来越成为人们的迫切需求。怎样利用自身优势，提升服务功能，在文化休闲活动中发挥应有的作用，满足人们不断增长的精神文化生活需求，提高人们的生活质量，维护和保障人们的基本文化权利，是公共图书馆应尽的历史使命。

4.适应现代信息技术发展的必然趋势

一方面，随着计算机网络技术的发展普及，城市公共文化设施资源得到整合，公共图书馆的功能不断拓展和延伸，越来越多地被赋予了综合性的文化功能，使图书馆逐渐成为城市的文化中心。另一方面，网络的普及，特别是数字图书馆建设的迅猛发展，人们足不出户也可以通过网络查询所需信息及获得图书馆的文献资料，城市图书馆读者的数量呈逐年下降趋势，这也给图书馆功能的转变与拓展提出了新的要求。开发图书馆文化休闲功能，让人们到图书馆不再是单纯地获取信息和知识，而更多是追求一种舒适安宁的文化氛围，感受书卷气息、缓解心理压力，是公共图书馆发展的必然趋势。

（四）公共图书馆服务功能转变与拓展的基本途径

1.降低门槛，最大限度地满足读者需求

贴近市民，重视并满足读者的文化需求和娱乐需求是公共图书馆转变和拓展服务功能的基本指导思想。在硬件建设上，公共图书馆除在提供宽敞明亮、温馨舒适的阅览环境外，还应提供宽大的展示厅、报告厅，不同规格的学术会议室、个人及团体研究室等，还可以兴建多功能演讲厅，小剧场，音乐欣赏室，电影、录像放映室，多媒体视听室，钢琴房等，使公共图书馆变得更加平易近人。在软件建设上，要想方设法聚集人气，积极营造读书氛围。如通过开展读者交流会、举办有奖知识竞答活动、开设"趣味阅读"讲座、举办展览等活动，最大限度地吸引读者。要坚持从细微处着眼，开展人性化服务，定期对读者进行问卷调查，倾听读者意见，有针对性地做好工作。及时调整充实馆藏书目和阅览室订购的报纸杂志，注意兼顾趣味性和学术性，添置部分刊物以吸引年轻人的眼球。优化业务流程，努力形成更加规范有序的运行机制，取消折旧费、注册费等，推行全面免费服务，最大限度地满足读者需求。

2.拓宽空间，增强公共服务辐射能力

进一步拓宽服务空间，扩展服务范围，利用多种载体，把公共图书馆服务的触角向政府、企业、社区和农村延伸，增强辐射能力，是转变和拓展图书馆服务功能的重要内容。深入推广全国文化信息资源共享工程，基本覆盖农村、城市社区和学校。国家图书馆、省级图书馆和市县图书馆等组建馆际互借网络；农村和小城镇图书馆加入市级公共图书馆联盟，实现文献、数字、讲座、技术等资源共享，通借通还。积极创建社区示范阅览室、流动图书馆和图书流通点，建成开放的社区图书馆室，每个阅览室要有藏书、报纸和期刊，大型社区和中心社区图书馆藏书量要达到一定规模。大力开展"图书进校园活动"，特别要深入基层学校、乡村学校、民工子弟学校等，开展现场咨询、图书知识普及、图书赠送及有奖问答等活动，努力将服务延伸到校园，服务师生。

二、公共数字图书馆移动服务体系规划与构建

公共数字图书馆是网络环境下图书馆的必然发展形态，是利用现代信息技术，对海量、异构、分散的数字资源进行整合，形成有序的整体，并利用多种媒介为用户提供友好、高效的服务，使人们可以随时随地获取信息和知识。

（一）公共数字图书馆建设中存在的问题

1.公共数字图书馆资源欠缺、服务滞后

（1）资源建设方面

在资源建设方面，商业数字资源占有公共数字图书馆资源总量的较高份额，公共数字图书馆自建资源欠缺且建设质量不高。

由于受到数据商的限制，大多数公共数字图书馆购买的商业数字资源基本相同，重复购买现象十分普遍。自建数字资源多以地方特色为主，但基本都限制在馆内局域网内使用，且建库质量和标准并不统一。而且各数字图书馆数据库的发布平台也缺乏开放性和互联性，导致数字资源建设出现专业化程度不高、利用率低、高水平数据库少、内容结构不合理等状况。

此外，目前各公共数字图书馆的资源大部分来自商业数据库，同方知网、维普资讯、万方数据、龙源期刊占据了全国中文电子期刊市场的大份额；超星、方正阿帕比、书生、中文在线四大电子书出版商也占据了全国中文电子书市场90%以上的份额。这种高度集成化的海量数字资源使得公共数字图书馆在数字文献来源方面对出版厂商的依赖大大增加。公共数字图书馆的文献信息服务也更多地受到出版商的影响和制约，最常见的是在数字资源访问上受到流量、并发数和IP

限制。

（2）服务方面

在服务方面，公共数字图书馆服务滞后。数字图书馆是海量数字资源的仓库，资源类型不同、来源不同、数据库异构等问题，使得各类资源难以统一展现给用户。为用户提供的资源检索服务往往需要通过多个平台入口才得以实现。此外，导航系统不完善，个性化服务、主动服务和推送服务的不深入等也为普通用户的使用增加了难度。

2.公共数字图书馆资源使用率低

公共数字图书馆数字资源利用率不高也大大制约了公共数字图书馆建设的步伐。目前各公共数字图书馆除购买商业数据库以外，自建资源多以地方特色数据库为主，内容和形式不够丰富，适合大众阅读的综合性数字资源相对较少，是导致数字资源利用率不高的重要原因。公共数字图书馆普遍采用基于馆内（含成员馆）局域网的数字文献服务模式和馆外持借书证登录的数字文献服务模式，这使得大量的数字化文献资源的利用只能通过馆内局域网，或某一公共图书馆的有效读者。无形中增加了读者的使用成本（特别是时间成本），极大地抵消了数字化文献资源所具有的高效、快捷的优势，迫使相当一部分读者放弃利用数字图书馆丰富的数字化馆藏，转而从互联网上寻求替代性资源。此外，公共数字图书馆缺乏宣传，导致很多人不知道它的存在因而没有使用。

3.公共数字图书馆之间缺乏整体协调与共建共享

近年来各区域数字图书馆建设如火如荼，但各数字图书馆建设过程中缺乏统一标准、规范，且由于区域间图书馆分属部门不同，导致各馆之间处于分割建设状态，无法互联互访。此外，公共图书馆、高校图书馆和行业图书馆之间也各自为政缺乏协调，无法形成数字资源的整体优势，数字资源被困在围墙之内，没能真正实现共建共享。

4.基于新媒体的公共文化服务形态尚未实现

新媒体服务在我国公共数字图书馆中处于起步阶段，例如：在数字电视服务方面，国家图书馆与北京歌华有线合作推出数字电视服务。在移动数字图书馆建设方面，国内大多数开展的服务仍然只有SMS。即使开展WAP服务的也主要是常规服务，即馆藏目录检索、读者借阅信息查询等内容，包括国家图书馆的"掌上国图"，也只实现了特色资源检索服务。

5.公共数字图书馆未能充分利用网络的便利性

在我国，互联网上公众想要获取信息资源，查阅资料，大多数人都选择直接使用搜索引擎进行搜索，相对这些成熟的网站来说，数字图书馆虽然拥有丰富的数字资源，但是在公众意识中尚未形成统一的认识，且门户网站上复杂的身份认证系统、没有方便快捷的检索通道等都是导致用户流失的原因。

（二）数字图书馆移动服务体系建立所面临的机遇

现代社会信息的获取渠道、传播模式已经发生了巨大的变化，社会化的信息服务模式使得图书馆不再是唯一的信息中转站。为加快公共图书馆的转型，提升公共文化服务对社会的影响力，加大优质资源和民族精神在群众中的传播，文化和旅游部、财政部在全国实施公共数字图书馆推广工程，推广公共数字图书馆软硬件平台建设方面的成果，搭建标准化和开放性的公共数字图书馆系统，从而全面提升各级公共图书馆的文献保障水平和信息服务能力，使公共数字图书馆在提高全民族文明素质、推动经济社会发展中发挥应有的作用。手机、数字电视等新媒体作为新兴信息服务工具，已经纳入全国公共数字图书馆的体系建设之中，以手机为代表的移动服务成为公共数字图书馆服务的一部分。移动服务打破现有信息服务的格局，使公共数字图书馆服务的覆盖范围不断扩大，特别对因信息不畅而导致经济不发达的老、少、边、穷地区的发展，将产生巨大的推动作用。数字图书馆移动服务体系建立面临着前所未有的机遇。

1.飞速拓宽的数据传输通道

目前，移动通信宽带化的趋势非常明确，宽带发展非常迅速，为图书馆通过移动通信网络向读者提供多媒体信息服务提供了广阔的发展空间。通信网络占主导位置的为4G网络和5G网络，可以进行文字、图片及视频的传输，而正在部署的第五代移动通信网络，不仅可以随时随地通信，更可以双向传输资料、图画、影像的高质量数据。

2.智能化的移动终端

移动终端已经不是传统意义上的只完成单项任务的工具，如通话的手机、阅读的电子书阅读器等，终端是手机和电脑的一个高度的结合体，更加智能化。移动终端已经具有独立的CPU、可随时扩充的容量、独特的操作方式（多点触控、语音服务、随时定位）、稳定的操作系统和应用环境，实现与电视机、打印机等的无线连接。移动终端在发展过程中，已经演变为随身的信息服务平台，可以通过多种形式与电视、互联网等信息通道进行实时沟通，加上良好的操控性，使得其成为构建个性化个人信息中心的首选工具。

（三）数字图书馆移动服务体系建立面对的挑战

1.复杂的网络环境

移动服务网络复杂多样，数据传输的标准不尽相同，为移动资源的制作和传输带来挑战。移动服务网络有卫星通信网络、Wi-Fi网络、各运营商分管的移动通信网络、蓝牙传输等。

2.移动终端的多样性

近些年移动终端飞速发展，从只能完成语音通讯的工具到成为放进兜里的电脑。移动终端包括普通手机、智能手机、平板电脑、PDA 等多种类型，如今基本只剩普通手机、智能手机和平板电脑，手机的操作系统也基本统一为 iOS 和 Android 两种，为面向大众的移动应用开发带来一线曙光。可即便如此，不同手机生产商在屏幕分辨率、硬件配置、系统应用等多个方面仍存在很大差异，因此，在移动服务开展过程中不得不考虑多种类型的手机适配、体验效果等因素。

3.用户需求多元化

用户自身因素是影响其信息需求的主要因素，其中用户学历是影响用户信息需求的一个重要影响因素。而中国互联网络信息中心对手机网民学历结构的调查显示，手机用户呈现低学历用户结构特点。同时手机用户对基于手机的移动搜索、新闻、网络文学等使用更加活跃，手机用户结构特征及手机应用类型，影响了他们对信息获取的诉求，进而势必影响公共图书馆资源、服务的构成和配比。因此，如何以海量资源为基础提供个性化服务，满足不同用户群体的需求，影响着移动服务建设和服务生命周期。

面对移动互联时代的机遇和挑战，国内外图书馆已经积极开展基于移动终端的服务，短信、WAP 等形式被不断应用于图书馆服务中，但因理念、技术等因素的影响，公共图书馆移动服务还未体系化。

第三节　公共图书馆服务外延

一、联合图书馆的馆外服务延伸

为了有效实现公共图书馆服务理念和提升公共图书馆服务体系的建设，秉承资源共享理念，借助飞速发展的现代信息科学技术的支持，不同类型和系统的公共图书馆将整合自身的资源，联盟建设了联合图书馆模式。20 世纪中后期，联合图书馆模式在西方发达国家逐渐兴起。美国综合多个公共图书馆的资源实施的联合借阅方式是最早的联合图书馆模式雏形，从而成为最早实现公共图书馆资源共享的国家。随着共享理念、管理制度和信息科技的支持，原本单一、松散的图书馆合作模式逐渐完善。

在 20 世纪的 80 年代，我国公共图书馆事业发展到了一个成熟时期，联合图书馆模式逐渐成了研究焦点，主要涉及馆际互借、联合编目、联合采购、一卡通服务、图书馆联盟建设等方面。时至今日，联合图书馆经过在全国各地的实践探索，已经形成了非常成熟的典型案例。例如，以公共图书馆总分馆运行体系，带动乡镇、街道图书馆（室）及村级文化活动中心建设，推动城乡公共文化一体化发展的"嘉兴模式"；以市图书馆为龙头，建设地区通借通还的图书馆服务体系，形成了本地区市、区、县、乡、村、街道各个层次的大、中、小型图书馆（室）一体化服务的格局的鞍山"一卡通"服务模式。

二、馆外借阅点的馆外服务延伸

顾名思义，馆外借阅点就是在公共图书馆外建立的文献借阅点，图书报刊订阅、需要的设备和负责日常管理的工作人员都是由主导建设的公共图书馆负责。馆外借阅点的建设对建设场地的面积和环境有一定要求，不仅需要主导建设单位负责购置阅览设施和对借阅点场地进行必要的装修。同时，主导建设单位还要安排工作人员或志愿者负责日常运作的管理工作。馆外借阅点可以提供图书借阅、报刊阅览、读者自修等服务，在一些偏远地区甚至可以直接代替当地的图书馆。

三、图书馆流通站的馆外服务延伸

图书馆流通站是我国很多一线城市实现公共图书馆服务理念的常规模式，主要是省市级规模比较大的公共图书馆针对部分边远地区的馆藏书少、缺乏文献采购经费的基层图书馆开展的馆外服务延伸合作。图书馆流通站能够以对方基本的馆建情况，补充其馆藏文献资源不足的问题，并指导其不定期地开展文献资料结构的调整。除了上述的服务延伸方式之外，图书馆流通站还是省市级规模比较大的公共图书馆对合作基础单位的管理人员、工作人员的进行业务指导、培训服务及辅助图书馆运营管理等的平台。

四、流动图书馆的馆外服务延伸

流动图书馆服务是为距离公共图书馆较远或因为多种原因不便于到公共图书馆的社会公众提供的馆外文献服务。目前，全世界各个国家都将社会职能作为发展公共图书馆的重要职能，强调公共图书馆提供的文化服务应该拓展到更广大潜在读者群中。因此，公共图书馆文化服务理念的实现就必须涉及丰富多样的服务方式。其中，流动图书馆服务就是实现公共图书馆文化服务理念的拓展方式之一。这种方式不仅可以提供阅览服务，还可以外借图书，有时还能不定期地开展如演讲比赛、座谈会等宣传图书或普及知识的群众性活动。流动图书馆选择的活动地点应该是像城市中心广场或大型商业街等人流多的场所，时间要选择在人们休闲或购物的集中时间段，从而更有效地实现公共图书馆的文化服务理念。

五、大数据时代下公共图书馆建设数字化图书馆延伸

随着移动通信技术的广泛普及和物联网的迅猛发展，移动图书馆和智慧图书馆必然会成为公共图书馆未来发展的主流，是数字化图书馆进入更高级的一个阶段。

（一）移动图书馆

1.移动图书馆的内涵

移动图书馆，顾名思义，就是通过移动网络终端设备（即智能手机或 iPad 之类的设备）等，用无线网络接入的方式接收数字化图书馆通过网络提供的信息服务。目前生活中比较常见的移动图书馆服务内容有：短信功能或电子邮箱提醒图书借还期限或个性化图书推荐；利用手机随时随地上网查询馆藏图书信息、网络下载或者在线阅读想要知道的文献信息内容等。因为移动图书馆给用户提供了一个不受时间和空间限制的自由的虚拟图书馆，可以灵活地享受到图书馆的信息资源。因此，我们称"移动图书馆"是未来的图书馆发展的必然趋势。

2.移动图书馆的特点

（1）便捷性

数字化图书馆给用户带来了跨地区和时间限制的信息服务，但是通过移动图书馆的使用，服务对象可以得到更加便捷的公共文化服务。每一个服务对象都可以通过图书馆的移动而就近享受"移动"的公共文化服务。因为移动互联网已经普及我们周边的每一个角落，用户们利用手机等移动网络终端设备可以随时随地享受到图书馆的各种服务。

（2）自主性

与传统的图书馆服务相比，数字化图书馆和移动图书馆都给予用户足够的"主动权"。服务对象通过移动图书馆可以实现在公共图书馆外的任何场地享受到和馆内固定场所一样的公共文化服务，具体的服务需求则是根据自身的兴趣爱好、时间、所处地点等因素而确定的。这样的服务方式不仅节省了服务用户的时间，更给予了服务对象选择的自由性。服务对象可以自由选择需要的文献资源，也可以针对性地选择服务的方式。总而言之，为了满足更多公众的公共文化服务需求，移动图书馆必须更新馆藏，时刻提升服务方式、水平和质量。

（3）互动性

移动图书馆是公共图书馆服务体系中提供主动、便捷的文化服务的改革途径。这种新型的公共图书馆服务形式有效增加了服务对象与图书馆之间的互动。那么，服务对象可以将自身对公共图书馆服务体系的体验感受和评价反馈直接留在移动

图书馆内，或者提交自己的文献信息需求等。对公共图书馆来说，能够及时地接收到服务对象的服务反馈和借阅服务的预订信息，就可以针对性地提高服务质量，调整图书结构。因此，很多已经开展移动图书馆服务的公共图书馆都在该平台上开设了允许服务对象表达自己想法的模块，也设置了自由了解图书馆各方面的信息的功能。

（4）广泛性

传统的数字化图书馆的信息服务方式需要电脑终端才能完成，而移动图书馆则因为移动网络终端设备（即智能手机或 iPad 之类的设备）的全方位功能设计而对服务对象不再设置任何限制，有效拓宽了服务面向。例如，收集的有声读物播放功能（如喜马拉雅 FMAPP）可以向盲人、儿童和一些患有眼疾的中老年人提供特殊的信息服务，提供个性化的电子图书资源。

（二）智慧图书馆

1.智慧图书馆的内涵

智慧图书馆是一种在数字化图书馆建设的基础之上，通过物联网、云计算、关联数据等新的信息技术，预测用户的需求，提供泛在、及时的智慧服务的图书馆发展的新形态。因为是在数字化图书馆建立的基础上充分使用物联网的创新技术，所以智慧图书馆同时具有物理网点和数字化图书馆的所有特点。智慧图书馆的"智慧"主要体现在两个方面，一是物理设施、硬件设备，即"硬实力"，这是外在的、显性的部分；二是图书馆员的智慧化的服务，即"软实力"，这是内在的、隐性的部分。

2.智慧图书馆的特点

因为智慧图书馆是在数字化图书馆的基础上通过物联网、云计算、关联数据等新的信息技术才得以建设和实施的。因此，智慧图书馆的特征主要体现在互联泛在、感知、智能化等方面，这是区别于传统图书馆及数字图书馆的本质特征，也是智慧图书馆的精髓。

（1）互联性

互联，顾名思义，互相联系。智慧图书馆的"互联性"就是要求智慧图书馆必须建立在高速互联网的基础上，以保证知识产权合法合理化的前提下，将数据分享给互联网所有的用户。在智慧图书馆建设过程中的"互相联系"的因素有不同图书馆之间的联系、信息系统中零散的数据之间的联系、图书馆内部各类资源的联系等。智慧图书馆在虚拟的空间内抽象地建立了一个由多角度的互联的数字化图书馆构建的整合图书馆。

（2）广泛性存在

因为智慧图书馆联系了各个角落的数字化图书馆和零散的数据，也就为各个角落的用户打开了随时开启信息查询和信息获取的大门。这种不论何时何地何种原因在网络上自由获取数据和享受信息服务的模式，就是智慧图书馆广泛性存在的意义。

（3）高效智慧化

智慧图书馆在大数据时代背景下，通过智慧化技术的帮助，实现高效便捷的信息服务。这里的智慧化技术包括数据挖掘、云计算、云存储等先进的技术。面对越来越大的实体图书馆建筑空间、越来越繁重的数据处理体量、越来越复杂的服务体系，智慧化图书馆得力于先进科技实现的灵敏化、智能化的信息管理系统，满足了服务对象对综合公共文化服务的需求。

六、基于跨界合作实现公共图书馆服务馆外延伸

（一）与实体书店合作实现公共图书馆服务馆外延伸

1.实体书店内的馆外图书借阅处

近几年，现代化信息科技的发展，公共图书馆之外的服务延伸方式表现出更加多元化，也更加创新。其中，最先出现的方式是在实体书店内的馆外图书借阅处。简单来说，就是公共图书馆在实体书店内开设一个借阅处。公共图书馆和实体书店，其服务对象都是喜欢阅读或有信息文献需求的人群。因为这一兴趣爱好，公共图书馆与实体书店的合作，服务质量和服务效率更高。0在实体书店内的馆外图书借阅处可以采用与总馆完全一致的管理模式，提供标准化的服务体系，并与实体书店的经营模式相结合，实现三方共赢的良好效果，也有效地降低了公共图书馆的采购压力，降低馆藏管理成本。凡是持有公共图书馆读者卡的服务对象都可以在实体书店选择需要的图书，再直接找工作人员办理借阅。在实体书店享受借阅服务，读者是不需要支付费用的，能够享受到比公共图书馆总馆更省时省力的服务。同时，服务对象想要还书的时候，可以有更多的选择空间——书店或者公共图书馆。内蒙古的书店就尝试过这种模式－-彩云计划。不仅如此，内蒙古图书馆还推出"彩云服务"手机APP客户端，方便服务对象用智能手机直接网络下单借阅，并在服务对象下单之后通过第三方物流快递送书上门。这种方式丰富了内蒙古图书馆的文化服务价值，也有效地激发了广大群众的阅读兴趣。

2.公共图书馆与实体书店一同组织选书购书活动

这种方式是从"选书"和"购书"两个角度组织的互动，也是公共图书馆丰富公共文化服务的创新举措。在与实体书店一同组织选书购书活动时，公共图书馆的馆藏资源不断丰富，文献资料的利用率也不断提高，公共文化服务满意度自

然也会受到公众的肯定。因此，公共图书馆与实体书店一同组织选书购书的活动被称为是最能够满足服务用户个性化需求的馆外服务延伸手段。活动开始之前，公共图书馆要利用自己的公众账号或官网开展一系列预热活动宣传，公布合作的实体书店具体名单。有兴趣的服务对象则可以手持公共图书馆的借阅卡去实体书店选书，或在公共图书馆APP上直接选择想要借阅的图书。

（二）与地铁合作开图书馆实现公共图书馆服务馆外延伸

与地铁合作建立馆外借阅处的方式，与实体书店类似，但合作的平台是实体与虚拟相结合的模式。与地铁合作开图书馆的方式有在车厢里直接放置实体图书阅览架和利用车厢内的电视屏幕播放图书信息两种方式，乘客在地铁官方网站、APP上进行借阅订单服务。这种创新合作的目标就是乘坐地铁出行的乘客，尤其是比较集中的上班人群。

与地铁合作开展借阅服务的方式最开始是在地铁站简单地设立公共图书馆借阅处，用于公众借书与还书，后是在地铁站里直接放置实体的书架，定期更新书架上的图书。时至今日，随着现代信息科学技术的发展和应用，这种合作方式已经可以利用地铁车厢内的电子屏幕提供图书信息，让服务对象利用碎片化时间获得文献资料的基本资料，然后通过官网、微信程序或地铁站借阅图书机器等快速、便捷地享受文献借阅的公共文化服务。在合作的过程中，车厢里实体书架的管理需要公共图书馆定期派出专业的工作人员完成，如图书的更新和破损图书的替换。通过这种严格的管理方式，保障了地铁图书架图书的数量和质量，也体现了公共图书馆文化服务的统一性和标准化。针对电子屏幕和借阅图书机器的故障问题，通过系统与公共图书馆系统的联网实行监控，发现问题，及时安排修理人员解决问题。这种方式充分利用了地铁站空间大、地铁里人流多的特点，不仅便于公共图书馆的服务对象借阅图书，还能够让他们在忙碌生活中感受到片刻的文化熏陶。

（三）与咖啡馆合作实现公共图书馆服务馆外延伸

随着我国社会的不断发展和经济水平的逐渐提高，咖啡成为我国广大人民群众最喜欢的饮料之一，尤其是以年轻人为主的人群，已经接受了喝咖啡的时尚休闲活动。我国各大城市，大大小小的街头如雨后春笋般出现了许多类型的咖啡店。众所周知，人们在公共图书馆可以获取信息知识，在咖啡馆里则可以享受休闲娱乐。如果在咖啡馆里开设公共图书馆的借阅处，人们就可以"寓教于乐"，使用娱乐休闲时光获取信息知识。公共图书馆和咖啡馆的巧妙结合，实现了两种不同文化单位之间的借鉴和学习，满足了服务对象对信息、文化等多方面的需求。与在地铁里开设借阅处不同，咖啡馆的图书借阅处更符合中青年服务对象的喜好。当读者在咖啡馆里享受休闲时光时，可以利用公共图书馆的公众账号、官网、APP

等形式浏览文献资源目录，再提交订单，并明确选择所在咖啡馆为提取借阅图书的地点，最终在咖啡馆完成阅读体验。这种模式相当于把咖啡馆当成了公共图书馆的阅览室，更加优质的阅览环境让服务对象有更加美好的阅读体验。上海市闹市区的很多咖啡馆里就设有借阅服务点。在服务对象完成了网络借阅订单之后，公共图书馆的馆员像外卖员一样把借阅的图书按要求的时间送到指定咖啡馆。上海市徐汇区图书馆的这种方式不仅大大节省了服务对象往返公共图书馆的时间，还提供了优雅的阅览环境，更在提高馆藏文献利用率的同时促进了咖啡馆的营业额。

（四）与快递公司合作实现公共图书馆服务馆外延伸

考虑到服务对象中存在一些像老年人、身患残疾或因工作无法到公共图书馆借书的人群，公共图书馆很早以前就开展了送书上门的借阅服务。现在，这种"外卖"式借阅图书的服务已经将服务范围扩大到所有需要享受公共文化服务的用户。因此，在我国物流行业发展得如火如荼的今天，公共图书馆选择与快递公司合作，由快递人员完成借阅图书的配送工作，以达到提高公共图书馆的馆藏图书利用率、文化服务的质量和水平的目的。

1. 图书外借方式

与快递公司合作的公共图书馆外借图书的方式有微信借阅和信用借阅两种方式。其中，微信借阅就是各个公共图书馆利用自己的微信公众号提供借阅服务，具体操作就是要求服务对象关注公共图书馆的公众号，并在公众号平台上登录、选书、登记、生成订单，快递人员会在规定时间内（一般是2～4天）送书到家。另外一种方式是与支付宝合作，利用自己在支付宝中累积的信用值（600分以上）享受图书借阅图书。支付宝中有"借书"的功能模块，服务对象登录后选择文献图书，提交借阅申请，生成订单。根据借阅订单要求，快递员会在公共图书馆内提取图书，并在规定时间内（2～4天）送书到家。杭州图书馆已经开展了这样的活动。

2. 图书归还方式

不论是选择微信公众号还是支付宝平台申请借书，用户都可以在原有借书平台上申请还书，预约快递上门，付费归还图书。在还书的流程中，"归还时间"和"快递费用"是两个关键因素。归还的时间是公共图书馆统一制定的快递送书到图书馆的时间，而费用则是根据数量由服务对象付款。沈阳市图书馆已经开展了和顺丰快递公司合作，在沈阳市市区内利用顺丰完成还书服务。

（五）与博物馆、美术馆合作实现公共图书馆服务馆外延伸

近几年，我国政府越来越重视公共文化事业的发展，对很多城市的公共图书馆都在馆舍修建、内部基础设施建设、设备的采购等方面提供了财政支持。与公共图书馆同样作为文化服务机构的博物馆、美术馆也都以"收藏"为核心服务，并为展品提供了展览空间。博物馆、美术馆里的珍贵藏品和艺术品都是单纯地依靠作品本身的魅力吸引观赏者的眼光。但是，这种展示方式缺乏文字或语言的解释，并不能够充分展示更加立体的作品和其背后的艺术价值。公共图书馆和博物馆、美术馆的共享资源合作模式有合作举办展览和合作创办新馆两种模式，也有馆内展览和馆外巡展两种展览方式。公共图书馆与博物馆、美术馆合作，通过馆与馆之间的交流，文献与藏品的互相交融方式，使每件藏品或艺术品的文化底蕴充分地表达，让艺术的美誉文献中的内涵相得益彰，这不仅是一场视觉盛宴，还是一场文化知识的交流，形成了地方性的特色文化。

（六）　与学术机构合作实现公共图书馆服务馆外延伸

针对公共图书馆服务理念的实现方式中的"读者教育与研究"服务方式，我国各大省市公共图书馆都选择与当地的学术机构或各大院校学者合作进行交流，开展讲座、演讲、签售等活动。这类活动的内容非常丰富，时效性极强，深受广大公众的欢迎。这类活动能让服务对象和学术专家或知名学者面对面互动，更让人感到惊喜。公共图书馆与学术机构合作已经成为社会信息专业化传播服务的有效形式，如新书签售会、健康讲座、节日传统文化讲座等。

（七）　与24小时便利店合作实现公共图书馆服务馆外延伸

目前，我国各大省市的公共图书馆的选址有两种趋势，或是在市中心，或是在远离城市的新开发区，社会公众享受公共文化服务都不太便利。提及"便利"，我们很容易想到居民生活区周边的便利店。这类便利店不同于大型的商超，主要是以满足群众的日常生活所需的小型超市，多数以"全天营业"为服务特点。因此，国外很多城市的公共图书馆开始尝试与24小时便利店合作，开展公共图书馆服务馆外延伸。在全年无休、全天无休的24小时便利店里，公共图书馆的读者可以利用自己的休闲时间随时借阅图书。这种创新的服务方式，与在咖啡馆里设置馆外借阅处相似，既满足了读者借阅图书的需求，避免了公共图书馆因时间受限而导致读者无法借还书的难题，还为24小时便利店创造了新的营业额。目前，我国大部分地区还没有公共图书馆与24小时便利店开展合作。本着"以人为本""以读者为中心"的服务理念，相信公共图书馆会开通与便利店合作以实现公共图书馆服务馆外延伸。

第四节　公共图书馆共享服务

一、图书馆服务共享理念及内涵

（一）图书馆服务共享理念

随着信息时代的来临和社会进步，信息技术的多种挑战使得图书馆工作更加地艰难，多样化的读者需要不断更新的服务模式，使得图书馆行业承担着更大的压力。因此图书馆需要使用各种各样的方法，逐步地优化传统文献管理方式，促使读者的知识服务得以落实，实现图书馆相关服务内容和服务能力的共享，保证图书馆和用户的有效融合。例如，图书馆某学科的编目数据，可以通过一个数据接口，向另外一个图书馆提供服务调用，便可实现编目资源的共享。又如，某一图书馆网站拥有标签的规范化输出的能力，也可通过这种方式，为另一个图书馆的用户提供规范标签提示。

因此图书馆服务共享就是将共建信息作为主要的资源，在个体图书馆共享服务内容的时候，形成合作的整体，彰显出资源的优势支出，保证信息互联和联合服务，降低发展的成本，确保社会大众获取有力的支持，提升图书馆事业的服务水平。不论是在规划、建设和实施过程中，图书馆服务共享都要坚持共享的理念，主要体现在以下四个方面：

1.资源"为我所有"转变为"为我所用"

现代图书馆面临着开放性的要求，因此需要秉承着"不求为我所有，但求为我所用"的态度，明确图书馆需要突破的范畴，无论是何种类型的资源，实际的建设目的均是满足读者需要，并且义无反顾；由于图书馆资源建设的延续性，客观上图书馆馆藏文献属于知识服务开展的有效支持，"存取有限、获取无限"。但综合当前的实际情况分析，图书馆的资源不能限制在馆藏文献中，根据相应的策略，共享资源也可视作重要的支撑。服务共享文献资源的来源重点涵盖三个方面：图书馆参与文献共享体系、互联网开放资源、读者共享资源。

2.人性化"畅通无阻"服务

2003 年 6 月的"后数字图书馆的未来"研讨会（又称"泛在知识环境"研讨会），明确提出了"后数字图书馆"概念。其基本的定位就是将泛在知识环境概念加以提供，"泛在"即"无处不在"，意指创建一个人类可以实现有效共用的知识空间，提供无所不在触手可及的移动信息服务。"5A"图书馆理想就是用户在任何的时间和地点均能获取相应的信息资源。2008 年 4 月发布的"OCLC 成员委员会探讨图书馆的创新"消息，报道了同年2月召开的OCLC成员委员会会议重点探讨了"图书馆服务的创新思想"。其中，大学图书馆服务创新当中的"信息时代图书馆的设计"，强调了图书馆创新必须要以内容管理和学习作为重要的指导，对馆藏和服务项目加以整合，落实好馆际合作。两次会议都主张突破时间和空间的限制，将用户作为重点，提供更具开放性的知识服务，这让图书馆的稳步发展拥有了坚实根基。因此人性化"畅通无阻"服务，必须是图书馆服务共享坚持的理念，从读者的角度思考服务的细节，最好提供一站式服务，不论是现实的，还是虚拟空间的。

3.高度重视用户参与和用户体验

2005年OCLC的报告《图书馆与信息资源认知》，使得图书馆服务的发展获取了更为清晰的方向：图书馆需要结合用户的实际需求宣传相应的服务，寻找科学合理的手段，使得用户获取到的文献得以有效提供，而不是让人们盲目寻找。在新时代背景之下，图书馆已经突破了原有的限制，注重在尊重读者原则的基础之上，更加强调用户的参与度，关注其实际的体验和交互情况，打破资源利用和获取的一系列障碍。图书馆的资源建设、服务开展和管理工作均是围绕用户而展开，保证从最大的程度上促使用户可以享受到优质服务。以下是可供借鉴的相关案例：美国的密歇根州Ann Arbor市的市立图书馆（AADL）将图书馆网站更改为网志形式，不同的部门也拥有着自己的博客，如Audio Blog、Book Blog等，实现与用户的有效互动；圣约瑟芬公共图书馆（St. Joseph County Public Library）设立了专题指南维基（Wiki），确保用户可以详细地了解实际的情况，也可进行自主反馈，提出合理的建议；OCLC科学使用了Web 2.0技术落实服务创新工作，启动Wiki的试验（Wiki Worldcat），等等。以上案例均证实了"走近用户"就是关注用户的具体参与度和基本体验，这是图书馆重点努力的方向之一，同时也是服务共享需要坚持的宗旨。

4.共享互赢

Web 2.0时代将个人的交流作为重点，实现信息发布和互动的有效聚集。此类信息汇集的中心，显现出互动性和资源自给的基本特征，属于网络多向交流和多媒体类型交流的生存适应者，是Web2.0时代的新生信息中心。此类新生信息中心让知识获取彰显出"去中心化"的特征，凸显出了中心地位，但也面临着极大挑战。

应构建网络社区，营造出读者可以有效交互的虚拟空间，通过科学化的知识服务，让互联网的全部用户合理获取。其中包括读者与馆员的交互、读者之间的交互、读者群的建立与交互、馆员之间的交互、图书馆直接的交互等，并可采用激励的积分制度等方式加以推进。图书馆的知识社区可给读者提供各类文献资源

（包括读者之间的共享资源）的个性化定制服务，并能根据自己的需要，进行分类、组织、标引等，供读者方便地、长期地利用自己需要的文献知识。

（二）图书馆服务共享内容

图书馆服务共享对系统的新技术有了更高的要求，以求更加符合"读者至上"的服务原则。图书馆服务共享重点是运用了 SOA 架构的图书馆服务共享体系，借助于数据库标准和基本的操作要求，使得成员机构的业务互联互通，确保用户在不同成员机构可以享受到理想服务。可适当构建数据交换中心，促使用户的统一认证和成员机构结算加以实现，排除一系列影响，重视用户的共享需求，开展基本的共享服务，加强互动交流，发挥文献互助、资源共享的最大功效。

图书馆服务共享一般依靠着图书馆行业的文献资源背景和用户的需求背景，制定出科学合理的标准与规范，构建企业数据交换的中心，促使着利用公共数据交换的读者服务得以满足。要针对不同图书馆的文献服务合理统筹与协调，在最大限度上确保读者的各类文献得到满足。图书馆服务共享基本围绕着图书馆群和读者群，构建起较为适宜的服务社区，开展多样化的服务工作。

1. 传统图书馆服务共享

（1）馆藏目录。即同时获得参与服务共享的多图书馆馆藏目录，编目人员可用共享出来的书目信息，快速完成编目工作，节约时间精力；读者可查询共享图书馆的馆藏信息，实现网上预约、网上续借，还书日提醒等功能。

（2）馆际互借。用户能够在相应的平台之上填写具体的需求，在统一的规划之下完成基本的目的。同城可以适当地使用网上预约以及资源共享的服务模式，不同地区的用户可以在保障体系中就近借阅。

（3）文献传递。借助复印和邮寄的多种途径，使得纸质文献传递更加到位：通过 E-mail 和建立文献传递专用服务器等多种多样的方式促使着数字化资源网络传递服务得以实现。读者应用相应的平台查询感兴趣的文件资料，同时合理预定传递服务。这些服务都是传统的以资源共享为核心的共享体系的基础性工作，在服务共享体系中依然非常重要。

2. 知识社区

图书馆知识社区构建于 Web2.0 技术之上，因为 Web2.0 的思想完全符合图书馆建设读者知识社区的目的，尤其是"以人为本"的思想。但是图书馆毕竟有自己的实际情况，根据读者的需求设计新的服务功能，可以尝试建立包括以下社区要素：

（1）SNS 的基本功能。网络社区基本功能，可以在图书馆的知识社区中进行提供。含有站内短信、好友的搜索与添加、好友空间的互访、好友群的设置与管理、开放获取空间的提供、协同写作、生活服务功能等，甚至是一些小游戏功能，都是吸引读者使用知识社区的要素。

（2）与图书馆传统文献服务的联系。既然同样也是图书馆管理的一个门户系统，就务必实现读者在图书馆中各项阅读活动中真实反映的诸多功能，包括检索馆藏图书、借阅情况查询、推荐采购图书、图书超期提醒及通知、图书预约和续借、个性化的数字文献资源定制、馆员的在线咨询和服务、读者建议和投诉等。这些功能方便读者利用传统图书馆，提高文献的利用率。

（3）RSS 的知识订制与阅读。RSS 是一个非常典型的、适合于图书馆效能发挥的应用技术。除了图书馆可以提供新书目录、图书馆通知、学科信息等 RSS 的推送服务之外，还可以在门户系统中给读者提供 RSS 订制与阅读的功能，读者通过 RSS 订制各类互联网新闻、博客、产品信息、图书馆书评等，并自行分类整理，形成个性化的网页，所有需要的图书馆信息或者互联网都能够及时更新、查阅，成为图书馆与互联网联系的纽带。

（4）文献资源收藏。图书馆的文献资源可以用浩如烟海来形容，读者往往重复需要某篇文献，不得不重新进行搜索。因此图书馆的个人书斋必须提供文献资源的收藏功能，读者将需要的、感兴趣的文献资源收藏起来，也可以自行设置分类、标注等，实际上就是个人组织起来的图书线索，以大大方便读者利用图书资源。通过收藏功能，读者可以组建一个属于自己的虚拟的图书馆。目前图书馆已经逐步将数字资源也纳入图书馆检索系统中，这样会使个人门户的收藏功能更具有实用价值。

（5）读书笔记（含书评系统）。读书人通常都有一个习惯，就是写读书笔记，有些读者还有专门的读书笔记本，但是纸质图书和计算机之间没有形成关联，所以之前图书馆不能实现这个服务。在拥有个人门户之后，图书馆可以一个类似博客记录日志的功能，将读者检索过的、借阅过的图书统一进行罗列，然后由读者自己添加该书的读后感、评论等，图书馆可以委派馆员评分和推荐。这些读书笔记将显示在图书检索系统中（隐私的书评，读者可以设置权限不进行共享），供别的读者检索到这本书后进行参考，以决定是否借阅。同样图书检索系统也可以提供书评功能，阅读过这本图书的读者，就可以直接在检索系统中添加图书评论。读书笔记中的图书评论等相关功能，类似于读者参与到图书馆图书推荐中。

（6）图书交易。图书馆的门户系统在技术实现上，和商务门户没有太大差别，差别在于内容的实现。既然是图书馆就和"书"有关，个人书斋系统就应该把"书"的文章做足：如果读者不能检索到需要的图书，不能通过馆际互借到需要的图书，那么图书馆还可以通过电子商务的方式，帮助读者自购急需的图书。这种情况往往发生两种情况下：其一，所需图书是新书，所需图书一直都处于被其他读者借阅的状态。其二，读者自己手中的图书，如果不需要，也可以通过个人门户系统提供的商务平台，实现二手图书交易。

3. 荐购图书

用户可以及时为其他用户推荐图书馆的现有图书，也可在电子订单中向采编部推荐采购新书。这是图书馆馆藏资源建设的重要渠道，其方式有多种，往往开发专门的服务平台，将出版社和书商最新的书目信息进行推送，供读者按需推荐，馆员收到推荐信息后，查阅后自动生成订单。

4. 参考咨询

目前图书馆通常采用在线回答、留言簿、BBS、电子邮件、电话等多种方式，实现与读者之间的沟通，开展各种类型的参考咨询服务。用户可以通过在线渠道填写相应的意见，及时获取在线管员的答复，通过各馆推荐咨询馆员，打造出理想化的共享联盟，通过面谈或者是在线咨询等多样化形式，保证用户联合参考咨询服务加以提供，构建起完善的 FAQ 专家知识库。还可以进一步尝试在两方面得到提高：其他读者也可以参与咨询工作，对于读者问题的解决可更加贴近需求；因图书馆服务联盟的构建，确保学科专家参与到相应的咨询服务中。

5. 科技查新的服务共享

用户可以提前填写委托书，将相应的资料加以上交，以便在系统中及时地查询项目进度。不同的图书馆具有专业特色，其取得查新资质的方向也不同，服务共享后可以充分利用这些特色，开展更深入的服务。

6. 知识共享

（1）文档库。可以分为多个部分，例如我的文档、我的分类等，在这些部分中，用户可以将自己所要上传的内容上传到某一个分类中，也可以将自己上传的内容上传到共享文档中，从而使一些用户可以自由地下载这些共享文档；用户也可以通过收藏功能将自己喜欢的文档收藏起来，这样就可以在更短的时间内获取更多内容。在文档库这个模块中，用户还可以根据自己的喜好进行分类，从而形成更加个性化的文档分类。

（2）藏书架。由于图书馆自身的馆藏空间和资金限制，无法将所有类型的图书收纳进来。因此，用户可以在自己的藏书分类中上传一些图书馆没有收藏的图书，并且将这种图书与其他的用户进行共享，也实现了图书的交流。

（3）读书笔记：从内容的长短上来说，读书笔记是对书的一种更长的评论。一般来说，对于书的评论有内容比较短小的书评，内容比较长的读书笔记。在图书馆的读书笔记区域，用户可以将自己的读书心得写成读书笔记，然后发表出来，供这个社区的用户进行阅读。

7. 多样性知识源的聚合（RSS）

RSS 是一种使用非常多的内容格式，例如，在重庆大学图书馆中，RSS 被应用在图书馆的知识社区中。RSS 将不同的知识聚合在一起，每个用户都可以在这种模块中找到自己想要的内容，可以查询天气预报，可以做出一些日程安排，也可以提供书签服务。并且，用户还可以根据自己的需求制定自己的知识模块，同时上传的这些知识模块还可以与其他的用户进行分享。如果用户没有明确地查询需求，就可以查看别人的知识内容，从而提高自己的学习效率。目前大多数期刊都提供 RSS 信息推送。

8. 开放式互动服务

在图书馆服务中，还有一些开放式的互动服务，例如文献互助、图书交换以及文章写作。文献互助使不同的图书馆可以进行文献交流，如果其他的图书馆不具备一些用户所需的文献，就可以进行文献求助，图书馆收到这样的服务请求时，就可以将这种信息提供给有文献的用户，该用户可以根据地址将自己所有的文献发送给需要的用户，这样可以极大地节省用户检索文献的时间。图书交换使用户将自己收藏的图书信息上传到图书馆的网络中，图书查询的用户就可以在图书馆网中查到这些图书的信息，这样就可以为用户提供图书交流的服务。文章写作则是根据 SNS 技术提供一种文章写作的服务，这种服务可以使不同的用户参与进来进行集体写作，每个用户编辑的记录都会保留在网站中，这样下一个写作的用户就可以查询写作的历史，十分方便写作团队进行管理。

9. 人际交流服务

SNS 还可以提供人际交流的服务。这种服务功能是将现实中的人际交往变成虚拟化的交往，有的人在现实生活中交际存在一定的障碍，支持社区建立的虚拟网络可以帮助这些人避免面对面社交的恐惧，使用虚拟社交服务的人可以在网上建立自己的相册，发表自己的意见，形成个人的微博空间。用户还可以在网络中添加好友，从而将志同道合的人集合起来。SNS 功能帮助读者建立了虚拟社交网络，添加好友的人可以在空间中看到其他人的动态，从而了解好友的生活：用户还可以去访问其他好友的社区空间，可以看到好友的图片、文章以及阅读记录。SNS 技术建立的虚拟社区丰富了人的社交网络，用户在好友中心中可以看到志同道合的朋友，他们可以互相分享阅读内容，也可以针对图书内容进行交流，使用图书馆网的用户可以迅速的建起知识网络，极大地方便了用户的阅读。

10. 联合开展阅读推广和其他主题活动

在图书馆网络的图书馆还可以联合开展一些活动，例如图书、书评分享、图书速递以及阅读辅导等方面的活动，还可以将一些讲座、优秀的影视评论、名家的书画展示等纳入进来。这些活动的开展使图书馆的内容变得多元化，不再仅仅提供图书服务，还丰富了图书馆的功能，持有服务共享"借阅证"的读者可免费参与。

二、可供借鉴的服务共享体系

（一）中国银联的共享模式

1.银联的服务

（1）基础服务。在银联服务中，包含建设和运营银行卡的结算系统，可以使银行卡在不同的银行之间进行结算，这就加快了信息处理的速度，图书馆也可以借鉴这一方面来处理管理的信息。

（2）银行服务。银联为各大商业银行提供的结算服务使不同的商业银行在数据处理、规避风险、数据分析等方面有了更加专业的技术支持。并且银行卡在跨行跨境交易中，能够快速地结算，极大地提高了银行的服务水平。

（3）商户服务。每年还可以为不同的商户提供多种支付服务，用户可以在线支付，也可以进行预付款，还可以先消费后付款，这些都提供了商业银行的运行效率。

（4）持卡人服务。银联还为持卡人提供了多种个性化的服务，有不同需求的持卡人可以专门为自己的需求定制个性化的银行卡。

2.银联的管理与服务体系

中国银联采取的运行模式是公司化的方式，这样可以使不同的银行提供专业化的服务，使银联业务系统可持续性地发展下去。参与银联服务的银行有以下几个：

（1）银联商务有限公司。这是专门为银行卡的受理进行服务的专业性集团公司，旗下包含各种发卡机构、不同的商户以及众多的银行卡用户。

（2）银联数据服务有限公司。这是专门为银行进行数据服务的公司，可以将众多的信息数据进行专业化的分析、统计、筛选，从而为不同的银行卡业务解决数据问题，提供网络服务。

（3）银联电子支付有限公司。这是专门为银行卡提供支付服务的公司，可以为全国范围内不同的银行卡用户提供网络支付的功能，这是比线下进行支付服务更加快捷的方式，逐渐成为使用最多的支付方式，进行结算的用户可以进行网上跨行转账、基金交易，以及在网络上进行商业支付。

（4）银行卡检测中心。该服务可以为银行卡进行检测，判断银行卡是否具备支付功能以及是否具有比较大的安全性，它具有国家级的检测机制，而且符合国际标准。

（5）中金金融认证中心（英文简称CFCA）。这是一种第三方安全认证机构，是受中国人民银行和国家信息安全部门统一监管，其为银行提供的服务主要是提供制作数字证书，使银行卡可以在网络上进行数据的交流，从而保证信息的安全性。

这些商业公司通力合作，在共同的目标下密切联系，合作共享，推动了中国银联的快速扩充和发展。

（二）航空联盟

我们以星空联盟为例，了解航空联盟的具体服务共享体系。

该联盟成立于1997年，是世界上第一家为航空公司进行服务的联盟，总部位于德国的法兰克福。在最初，星空联盟是由五个航空公司称组成的，分别是北欧航空、加拿大航空、美国联合航空、秦国国际航空、汉莎航空，星空联盟最初的功能主要是将这五个航空公司的航线和值机服务结合起来，在世界任意地方的客户都能够通过星空联盟查询到这五个航空公司的航线，从而获得最佳的飞行体验。目前，星空联盟已经有了28个成员公司，航线也也比最初大幅增加，覆盖了192个国家，其中包括1330个机场，并且中国的航空公司也已经加入了星空联盟。

星空联盟的成员可以进行合理的航空调度，使乘坐飞机的旅客可以获得最佳的班机选择和接转机时间，使旅客省去了复杂的咨询和航班办理程序。

星空联盟航班的旅客有很多的福利，例如旅客可以将空联盟航班的里程兑换成航空公司的礼物，也可以成为航空公司的贵宾会员，会员等级最高的旅客可以获得航空公司的机位优先选择权，也可以优先办理现场报道、行李托运等服务。另外，如果搭乘航空联盟成员的飞机，会员等级较高的旅客可以凭借自己的机票改签任意航班。不仅如此，星空联盟还为尊贵的会员设计了星空联盟环球票，拥有机票的人可以搭乘航空联盟内的飞机走向世界任意的地方，获得更好的旅游体验。同时，一旦乘客购买机票之后发现航班不正常，可以随时进行航班的改签、退票。如果乘客的行李在机场丢失，也可以在第一时间寻找回，并且搭乘星空联盟成员的任何一家航空公司的飞机，乘客都可以进行积分的累积。拥有星空联盟金卡会员的成员还有额外的福利，他们可以优先登机，如果在到达机场之前还没有预定座位，也可以在第一时间进行候补，获得优先候补权。如果航班满座之后，乘客也可以进行额外的补位。在提取行李时，联盟内的成员可以在最早地时间提取行李。金卡会员的成员可以免费托运一件行李，同时还可以享受贵宾休息室。

星空联盟在运营方式上不断地提高自己的技术水准，例如将自己的代码共享规模不断扩大，对不同的旅客的飞行地点和航线进行分析，从而合理地规划航线。有的航线旅客较多，这就需要星空联盟的航空公司开通更多的航线，如果因为航班被延误的话，会员等级较高的旅客也可以直接转接其他公司的航班，并且票价还会给予一定的优惠。在星空联盟的优惠中有非常多的类型，可以将自己的积分转化成旅程的礼物，也可以转化为积分兑换机票，还可以进行升舱。星空联盟成员的航空公司可以进行航线的调配，使旅客的候机时间明显降低。上面所述的服务都是星空联盟在尽善尽美地为旅客提供飞行服务。选择星空联盟航班的乘客在购票、报道、登机等方面可以更加快速有效，节约时间，能够获得更加美好的旅行体验，这种服务是其他航空公司所不具备的。

（三）连锁酒店

1.直营店模式

这种情况下，经济型连锁酒店在一个区域进入时，通常采用连锁的模式来打造自己的品牌形象。比如我们经常看到的如家快捷酒店，这就是一种非常经济型的直营型模式的酒店。虽然直营店模式在开始之初投入的资金比较多，但是这种模式非常利于酒店打出名气、开拓市场，也有利于酒店进行统一的管理，提供非常人性化的服务，并可以带来累计的企业名声。

2.特许经营模式

特许经营模式是指酒店管理者将经营权授权给某人进行经营的模式。这是经济型连锁酒店进行扩张的一种非常节约资源的传播方式，这种经营方式对于快捷酒店的总部而言，他们只需要将酒店管理的经验进行传授，就可以使加盟进来的个体进行经营，从而实现酒店的迅速扩张。对于加盟者来说，他们只需要将一定的费用交给酒店的总部作为加盟费，就可以获得冠名权，从而拥有该酒店的名称。当加盟者经过酒店总部的统一培训之后，就获得了经营酒店的模式，这样既可以降低加盟者的风险，也可以为酒店的迅速扩张提供比较便捷的路径。

3.战略联盟模式

一般来说，联锁酒店的规模比较小，在市场竞争中不具备非常强的竞争力，因此，为了使连锁酒店在市场上占有一定的市场份额，酒店总部就需要对酒店资源进行整合。因此，将两个或两个以上的酒店资源整合之后就可以形成战略联盟，这种经营模式可以使酒店迅速地占领市场，在面对风险的时候也有一定的承担能力，并且不同的经营模式可以互相分享经验，从而使酒店的经营更加节约成本。

4.兼并收购模式

兼并收购是酒店进行扩张经营的一种非常合理的模式，这种模式可以使酒店进行快速地扩张，并且有效地降低成本。酒店在扩张过程中，可以将其他酒店进行资源整合，并且也可以参照酒店的先行经验，从而获得更多的优势。当酒店总部对其他的酒店进行收购之后，再经过整顿重新进入市场也可以获得比较大的成功。但是这种兼并收购在国内并不常见，我们能够见到的例子就是像如家快捷酒店这样的酒店品牌，曾经使用过兼并收购的发展模式。

（四）可供借鉴的图书馆服务共享经验

1.图书馆服务共享联盟的理念

通过上述对于中国银联、航空和酒店联盟服务共享的阐述，图书馆可向其借鉴先进的理念，采用如下新思路进行创新发展：

（1）忽略对于成员机构内部业务的管理和影响，重视用户的共享需求，开展相关服务。

（2）将一些数据的标准和通用卡的使用方法进行研究，图书馆可以将这些业务进行互通互联，从而使不同的图书馆之间能够分享更多的数据和信息。

（3）构建标准的管理和服务规范流程，以保证联盟内各个成员单位的服务质量控制。

（4）将数据建成数据库，使不同的用户在数据库中可以搜索到自己想要搜索的内容，并且不同的图书馆之间可以实现信息的即时结算。

（5）商务化运作以保持可持续性发展。

图书馆共享体系是在一个阶段一个阶段的过程中发展起来的，如果在第一阶段将文献的资源共享，作为发展的重心的话，共享文件的目录必须在达到一定的规模之后才能向读者进行推送：读者在接受到推送请求服务之后，可以将这种信息共享给其他的用户，这就是共享体系发展的第二个阶段。从上述不同的服务行业的发展经验来看，人们对图书馆的建设非常需要进行可持续性的发展规划，建立一些管理和服务的中心，从而使图书馆将用户的需求作为基本方针，使读者在图书馆中能够享受非常便捷的个性化服务。

将图书馆的文献建设成为联合体，可以把中国图书馆的文献进行结合起来，从而依靠图书馆的众多用户和丰富的文献资源，建立起一套统一的服务标准，从而为不同地区的读者提供不同的文献服务。在这种联合体中，用户可以进行数据的查询、数据的交换以及信息的分享，这对于图书馆的发展来说是十分有利的。对于图书馆的文献服务来说，通过这种联合体可以进行文献的统筹、引导和协调，从而使读者在文件搜索过程中能够迅速地找到并且满足自己的需求。另外，图书馆可以建立一个读者群和阅览群，使读者在群内分享自己的知识，展开线上的知识分享，这对构建数字图书馆来说是十分有利的事情。

2.图书馆共享服务联盟的原则

图书馆的服务联盟应坚持"平等、统一、共享、参与"四原则。

（1）平等原则。读者平等是指在图书馆阅读的读者，无论是什么样的身份和地位，都具有借阅图书馆图书的资格，并且享有平等的借阅权利；而对于图书馆平等来说，则是图书馆需要对读者提供同样的服务，必须一视同仁地对待每一个读者，这就是平等原则对图书馆的约束。

（2）统一原则。图书馆共享服务联盟中的图书馆成员，必须在办理图书馆借阅证的方法、流程、费用、时长等一切流程必须一致，如果不一致，也要尽可能地做到统一，不同的业务之间也需要统一起来，这可以使图书馆的管理变得十分地方便快捷，也是数字图书馆开展的有效保障。

（3）共享原则。该原则提倡图书馆在获得知识的授权情况下，可以将知识共建共享，目的是使不同的读者都能够享受到该知识的便利，并且读者在获得资源之后也可以进行再次分享。

（4）参与原则。该原则强调，读者是图书馆的中心，以读者为中心是图书馆发展的主要目标。图书馆所有的资源建设都应该围绕读者来进行，并且读者也可以自愿地参与到图书馆的资源建设中，这对图书馆的建设工作来说是非常有利的。

3.图书馆服务共享联盟的运行管理与服务原则

图书馆服务共享联盟可以参照公司化运作模式来运行，可以设置一些日常的管理委员会等常驻机构，并且还可以成立第三方的监督公司，这是其主要职能。通常包括以下几个方面的内容，第一，图书馆可以加入图书馆服务联盟，这是非常有利于图书馆的发展的；第二，图书馆服务共享联盟可以制作一种图书馆联盟的卡片，可以像银联卡一样在不同的图书馆进行刷卡借阅，图书是不同图书馆之间的一卡通；第三，图书馆的管理系统可以进行统一的认证。认证用户只要在图书馆服务共享联盟中进行注册，就可以在不同的图书馆中登陆，从而进行图书的查阅和文献的搜索，并且获得相关的知识。此外，图书馆服务共享联盟还要在一定的服务原则之下，才能够对读者提供更加周全的服务，这也是现代数字图书馆发展的基本要求。

（1）终身服务。现代社会的知识每天都在以几何倍数增长，因此，人类在社会上生存必须不断地更新自己的知识。但是在学校教育中，人们已经无法获得社会所需要的知识，这就需要个体在平时的生活中不断积累知识。因此，自主学习知识就是人们获得长足竞争力的一个重要方式。那么获得知识如何进行呢？可以在图书馆中进行知识的学习，这也是终身教育的一个重要方式。图书馆是终身学习的非常重要的场所，图书馆的信息化建设，就为读者的终身学习提供了非常重要的支持。图书馆的终身服务是将用户作为核心，建设一个为用户终身服务的系统是图书馆服务联盟建设的必要条件。

（2）广泛的社会服务。对于公共图书馆来说，提供广泛化的社会服务已经是不需要再赘言的了，这方面需要进行完善的则是高校图书馆。根据教育部的规定，高校图书馆需要向社会开放，充分发挥高校图书馆的文献优势，将高校图书馆的知识资源扩大到社会的范围，社会人士可以在高校图书馆中找到在公共图书馆中找不到的知识资源，那么这些资源就可以为社会人员提供更大的便利，使高校图书馆的知识资源，在社会上发挥更大的作用，这也是图书馆服务联盟建设的重要条件。对于从高校毕业的学生来说，在毕业之后也需要不断地进行学习，因此，如果高校图书馆不再对社会人士开放的话，那么高校毕业生则无法进行终身学习，进而高校图书馆则成为一种比较闭塞的知识传播方式。

（3）非营利的收费服务。高校图书馆在经营过程中也需要一定的资金支持，在市场发展的允许情况下，知识消费已经成为一种经济发展模式。那么，在图书馆中获取知识，也可以进行一定的费用收取，这不违背法律和社会道德。而如何收取费用，哪些资源可以进行收费则是需要思考的。图书馆的运营并不是为了盈利，因此为了提高图书馆共享联盟的服务水平，一定要制定合理的收费标准。

4.图书馆服务共享联盟的可持续性发展

第一，对于图书馆的发展来说，可持续性是其必然要求。对于目前经济发展的现状而言，已经进入了知识消费的时代。随着信息技术的飞速发展，数字图书馆的建设也越来越成熟，而图书馆的运营是需要资金的，图书馆收取一定的费用也是合理的，但是图书馆的知识如何来收费则需要国家和社会的监督。

第二，用户群稳定。图书馆中拥有的图书资源是具有先天的优势的，读者为了获得一定的知识，必须在图书馆中查询才能寻找到，因此图书馆具有稳定的用户群。但是图书馆每年也会有一些新的用户，因此就需要图书馆共享服务系统进行用户的维护，使原来的用户继续使用图书馆，并且还能带来新的用户，这也是图书馆可持续发展的重要保障。

第三，图书馆必须进行一定的费用收取，这样才能使图书馆服务共享联盟得到正常的发展。但是图书馆不能收取过高的费用，因为图书馆是为社会服务的，不是盈利性质的机构，因此，尝试通过对读者的文献传递和接收网络广告进行收费，这也是非营利性收入的类型。

三、从资源共享到服务共享

（一）资源共享是服务共享的物质基础

2000年以来，我国信息资源共享体系的发展已经较为成熟，颇具规模。比如建设了大量的专题特色数据库、联合目录数据库、学科导航数据库等，还有互联网的开放资源、读者共享的资源，都为服务共享提供了强大资源保障。同时，全国各地还纷纷建设了各类的资源共享平台，如吉林省高等教育优质教育教学资源共享服务平台、北京高校网络图书馆、天津市高校数字化图书馆等，实现了联合书目、数字资源检索下载、文献传递、馆际互借、参考咨询等服务，为服务共享的实践打好了坚实的基础。此外，随着网络技术、博弈论 HTTP 隧道技术、经济学原理等一系列技术的引入研究，资源共享也变得愈发成熟。资源共享在资源、设备、人才、技术等方面为服务共享的实现提供了可能，也在制度、法规、标准、模式等方面为服务共享探明了道路。

（二）服务共享是资源共享的未来发展趋向

1. 图书馆服务革新的需要

虽然数字图书馆在不断发展之中，但是它的发展速度尚未跟不上时代发展的要求。因此在现代的知识共享服务中，有一些比较大的公司也参与进来，例如谷歌公司、百度公司已经进入图书馆的服务系统建设中。在建设图书馆服务系统中，他们具有比较先进的技术和非常雄厚的资金，因此建设出来的图书馆服务系统是十分完善的，这就对传统的图书馆行业带来了一定的冲击。图书馆若要在未来的社会中有立足之地，必须进行变革，而图书馆 2.0 理念就在这种情况下诞生了，如果说图书馆 1.0 时代是文献服务的时代，那么图书馆 2.0 就是服务于读者的时代，这就是知识经济中用户为上的核心理念。图书馆应超越文献资源的关注点，要更加以读者的诉求为核心，因为"资源有限、服务无限！存取有限、获取无限！"各个图书馆构建基于读者的服务共享体系，替代原来的基于文献的资源共享，是图书馆事业取得发展的必由之路。

2. 资源共享的目标所决定

在 20 世纪 70 年代，美国图书馆学家肯特将资源共享的基本目标加以提出，其中的一个重要目标是将资源和服务加以获取，确保图书馆用户能够受到积极影响。另一目标则是在成本较低的情况下获取同等水平服务，促使图书馆预算受到正面影响。这些均强调了"服务"的多、好、优。显而易见，"资源共享"目标与服务不可分割。马费成等专家在《信息资源管理》中明确地提及"资源共享的基本目标就是让具体的组织和个人在特定范围中最大限度地利用好信息资源"，重点强调了"信息资源的最大化利用"；程焕文教授在《信息资源共享》中提到"信息资源共享的最终目的就是让任何用户突破时间和空间的限制，享受到图书馆提供的多样化信息资源，这是梦寐以求的崇高理想"。可见，"资源共享"的稳步发展主要是将分享资源和提供优质服务作为宗旨。如果说，二十世纪"资源共享"是文献和资源信息的共享，仅限制在纸质文献的互惠互鉴和采购中，而 21 世纪的"资源共享"则是打破地域限制、超越时空约束，追求"泛在化"的资源大共享，注重用户的资源获取与利用，侧重于服务的共享。

3. SOA 技术支撑

数字时代，图书馆的核心竞争力已转移到文献信息资源服务与共享方面。在信息技术领域，面向服务的SOA体系结构（Service-Oriented Architecture）使得应用程序的具体服务更加到位，在多种服务定义的接口和契约联系起来的时候，打造出以用户需求为核心的服务体系。最近几年，图书馆领域基于SOA的服务共享的研究也已经崭露头角，如唐小新的《SOA在高校图书馆采访系统中的应用探索》，周全明、吴延风的《基于SOA的校际资源共享研究》，刘雪艳等的《基于SOA的电子化服务共享及实施》等学术论文，集中研究区域资源共享、数字资源整合、信息服务架构模式、信息共享平台等几个方面。从通俗的概念层面上说，SOA技术最终使得系统中不同的服务变得"伸手可触"，这使图书馆为用户提供高效、快速、便捷的服务共享提供了强有力的支撑。

（三）管理信息系统开始向服务型平台转型

图书馆服务的支撑是信息化建设，尤其是在当前互联网时代，近年来随着对服务的日益重视，图书馆信息化平台也开始发生转型，这为实现服务共享体系的平台建设奠定了基础。

图书馆是信息化行业的重要代表，在文献资源数字化日臻完善的过程中，面对互联网技术的飞速发展，文献服务也开始实现了有效的转型，图书管理信息系统逐步地从"书为核心"向着以"人为核心"的服务模式合理转变。整个阶段，大数据和可穿戴移动设备等多项技术措施让读者得以青睐，稳步推进了图书馆的转型和发展，实现了对传统服务模式的突破。同时，读者对于图书馆的管理和服务要求也在明显地提升，比如数据分析和知识管理及流动等，使支撑管理和服务体系的图书管理信息系统得以升级和改造。

1.图书馆管理信息系统的发展趋势

根据相关学者的研究分析，情景感知属于下一代数字图书馆系统发展的核心。在情境感知的数字图书馆系统架构建立的阶段，可以适当地划分出情景信息层以及环境层等各个层面。从技术层面上分析，下一代图书馆为了更好地迎合整体的发展态势，需要注重科学化手段的引入应用。国外对于相关系统进行了有效地开发，如Alma、Sierra、Open Skies等系统，但也面临着更为多样的服务需要，安全性和标准化的挑战更加明显。国内开展的研究工作重点集中在RFID技术、SoloMo技术的智慧图书馆研究及数字图书馆等方面，如合理运用互联网的应用模式，完善相应的服务架构，探讨可穿戴移动设备的应用前景。2015年1月，在日本国立国会图书馆举办的"面向数字文化资源的信息架构：欧洲数字图书馆（Europeana）与国立国会图书馆的检索研讨会中的关键词之一是"平台化"，即确保未来面向借阅目录的门户，拓宽相应的开放平台，逐步地整合多种资源。吴建中先生结合自身观点进行了分析，明确了平台化图书馆系统就是让知识稳步地流动起来，具体的数据信息合理释放，凸显出理想化网络格局，已是必然趋势。此类观点获取了各位专家的认可，服务平台化转型也成为了更为明显的方向。

2.新形势下图书馆管理系统存在的主要问题

（1）顶层设计与规划不充分。对国内图书馆行业的实践过程加以分析，图书管理系统的顶层设计和实际规划并未充分落实到位。结合大学图书馆分析，学校信息化角色仍然处于文献支撑领域，大学教学和科研的合成流程并未有效地涉及，难以融入具体的再造计划中。首先，图书馆未能科学纳入至学术平台，科研过程以及管理过程缺少有效的依据；其次，作为知识仓库的图书馆，未能将相应的服务模式纳入人才培养计划；再者，在层出不穷的新型技术之中，尚未有一种方式纳入管理体系成为棘手问题，现阶段缺少科学的推广方案。

（2）下一代管理系统标准化体系不健全。在图书馆信息化建设的角度来看，分析业务流程的互动操作标准体系相对缺失，图书馆的服务整合不到位。落实开展下一个管理系统构建，必须要将相应的标准化体系加以完善

（3）信息化的深度和广度不够。在深度分析中，图书馆管理系统还未形成科学的机制，决策系统相对较少；在广度上分析，下一代管理系统，还需要将全面信息管理加以整合，但是现阶段的很多业务还未能借助于信息化的手段加以控制。

3.下一代图书馆管理系统的基本特征

平台化转型是下一代图书馆的发展趋势，其基本特征主要体现在以下三个关键词中：

（1）平台化。在数字图书馆管理和服务的基础之上，需要对图书馆进行系统架构，这是基本条件。那么在下一阶段的图书馆构想中，主要是围绕服务和资源进行建设的。构建图书馆资源和服务的平台是数字图书馆建设的重要内容，这就需要借助一些比较新的信息技术来完善图书馆的资源建设。例如数字图书馆可以利用感知技术将不同的学术研究进行分析，一旦用户搜索之后，就可以为用户进行精准地推送，这也使用户可以尽快地浏览到自己所需要的信息，避免信息产生孤岛效应，从而使学术研究的覆盖面更加广泛，这也是互联网技术的有效运用。

（2）整合。图书馆的建设重在服务，而资源则是图书馆服务的重要基础。即使在传统图书馆中，服务也是其重要内容，例如文献服务图书。但是在数字化图书馆的建设中，移动互联网技术更加整合了文献资源和信息资源，这些都是下一代图书馆建设的重要内容。服务与资源的互相整合，可以使现代图书馆的建设更加完善，从而使读者消除阅读障碍，使图书馆成为知识获取和分享的重要平台，那么图书馆也就成为信息资源的重要集散地。下一代图书馆中的服务和资源建设，主要是将不同类型的信息资源进行整合，从而成为用户的重要信息获取工具。

（3）新技术。在现代图书馆的建设中，技术是非常关键的，这也是建设现代图书馆的重要基础。新的技术，可以为图书馆的资源和服务提供更大的保障，除了使图书馆的运行和管理更高效之外，图书馆还可以为读者提供更加个性化和人性化的服务。例如图书馆可以向读者推送手机短信、发送邮件以及发送微博、微信等信息，读者可以全方位的获取图书馆的信息，从而将图书馆的内容上新、知识分享以及主要的信息类型进行充分的了解。并且，人们还可以在互联网上进行课程学习，一些优秀高校的慕课微课等课程可以在图书馆上下载观看。人们就是在新技术的支持中获得这些不同的知识，从而不断地进步。

4.实证：重庆大学下一代图书馆管理系统的实践

图书馆管理系统是图书馆运行的基本前提。在信息技术发展十分迅猛的今天，图书馆的服务和管理已经在信息技术的支持下变得非常高效，重庆大学下一代图书馆的管理系统的建设已经进行研发和使用，下面我们来进行具体分析：

（1）软件体系架构的规划

下一代图书馆的管理系统，在软件体系的架构方面是从四个方面来进行的。首先是用户层，这是用户和管理层进行沟通和交流的接口，也是下一代图书馆管理系统的重要基础。具体而言，是将用户的使用信息进行采集分析，将整理出的数据提供给管理层，管理层就可以进行下一步的管理整合，从而为图书馆的服务提供更加精准化的内容；其次是服务和管理层，这是将用户和数据进行连接起来的一个桥梁，也是建设下一代图书馆管理系统的关键部分；再次是资源层，这是将图书馆的所有文件储存起来的一个数据库，也是图书馆进行资源服务的重要保障；最后是评价与分析层（数据服务层），这是将图书馆的管理系统进行分析和筛选的核心，也是图书馆管理系统的大脑。

①用户层。这主要涉及读者的身份，用于认证用户的管理。当读者进行注册登陆之后，图书馆管理系统，就可以看到用户的浏览信息、个人信息等，当用户进行图书馆的数据下载时，就可以得到及时的监控，避免读者随意下载图书馆的内容，从而保障图书馆文献的安全。②服务与管理层。主要是通过信息技术对图书馆系统进行分析管理，避免图书馆的信息管理在只是纸质呈现。如对文献进行整合，可以增添和删除一些图书馆的馆藏内容，也可以通过对优质用户和不良用户的区分来进行图书馆的管理，为优质读者提供更好的服务，从而避免不良读者对图书馆的侵害，使读者在图书馆中有更好的体验。服务与管理层必须搭建非常流畅的网络平台，无论是馆内的藏书，还是用户的登录以及用户的使用，都是需要在信息技术的支持下来进行的。

③资源层。这主要是将图书馆中的文献资源进行数字化整合，即利用信息技术将传统的文献进行转化形成数字信息，形成数字化内容，这样可以方便读者在

图书馆系统中进行搜索。

④评价与分析层（数据服务层）。该层次主要是对图书馆中的信息进行挖掘和分析，从而为图书馆的管理提供科学的信息支撑。数据服务通常是两个方面的内容，一方面是内部方向，另一方面是外部方向。在外部方向中，主要是处理信息和业务的数据，这些数据可以将读者的行为信息进行收集和分析，例如借阅情况和阅读记录等；内部方向就是图书馆的内部文献信息，这些信息中可以通过新旧信息的对比以及馆藏内容是否重复等来进行图书馆内部信息的重新整合。

（2）移动互联网平台和 PC 平台

下一代图书馆的管理系统还要建设不同的管理平台，不仅需要在 PC 端建设终端访问，还应该在移动终端建设一些管理平台，从而完善图书馆管理的服务。在如今的发展中，重点建设主要是在移动互联网的平台建设方面，因为这是人们使用比较多的平台。

（3）标准化的系统接口池

建设一个完善的平台系统，其中会有大量的数据处理需求，因此在数据与数据的交接中，需要有一些标准的系统接口池。这主要是为了使系统的交换具有稳定的频率，并且图书馆数据信息可以在标准化的接口中进行连接，将众多的信息流畅地结合起来。

（4）重点发展的业务管理系统

为了完善图书馆管理系统这一平台，除了管理图书馆的文献之外，还需要设计一些图书馆的业务系统，如搭建一种一站式的服务平台，用户可以在这个系统中收到信息完善的服务信息。例如有了信息需求之后，用户可以在图书馆信息管理系统中找到相关的内容，并且可以通过信息的推送来及时获取信息是否存在，可以进行信息的下载，还可以进行数据的传输，从而使信息能够得到充分的利用，这也是图书馆满足用户需求的重要方面。另外，图书馆还可以建立馆藏的评价体系，这样用户可以对图书馆的使用进行评价，从而不断地完善图书馆的服务。

5. 问题与展望

（1）新型技术和图书馆服务间的矛盾冲突日渐明显，在信息时代显得更加突出，新型技术的诞生和应用，导致图书馆服务延伸性以及相应的继承性充分体现。技术的飞速发展和更新换代，使得图书馆的推广备受冲击，图书馆的服务面临着技术革新的同时，也因为馆员的素质和硬件结果等受到制约。

（2）如何利用技术性的手段让全民阅读成为可能，成为当前文化建设中的重要问题，只有确保阅读触手可及，才可营造理想阅读空间，使得整体阅读环境更加地理想与和谐。图书馆如何使用新兴的技术，将阅读资源合理地推送至广大的读者面前，减少阅读的障碍，成为图书馆转型期亟待处理的问题。

　　综合上述分析，运用合理化的平台建设以及具体的研究对策，确保图书流程化管理水平明显提高；利用好文献搜索功能以及知识发现系统，让多元化的资源和纸质文献彰显出实际利用优势和价值；运用全面系统服务模式，确保数据服务呈现出个性化运行状态，在最大程度上方便读者，稳步强化图书馆系统开放性，为图书馆服务共享搭建坚实的技术基础平台，最终也会有效提高图书馆的服务水平和社会影响力。

第四章 公共图书馆信息自动化建设

第一节 公共图书馆自动化系统建设基础

一、图书馆自动化系统建设流程与原则

（一）图书馆自动化系统建设流程

1.业务流程的组成

业务流程就是"工作的流动"，是指为顾客共同创造价值的相互衔接的一系列活动。它是业务与业务之间传递或转移的动态过程，是企业或其他单位为了达到其既定结果所进行的一系列活动。业务流程通常由以下部分组成：

（1）清晰定义的客户：可以是内部或外部客户，是流程结果的使用者或受益者。

（2）明确的目标：任何业务流程都有其明确的目标。

（3）合乎逻辑的、依照一定顺序排列的活动。

（4）对工作有重大影响的决策点。

（5）明确的输入和输出：输入/输出的形式可以是物质、资金、信息或它们的组合。

2.业务流程的分类

业务流程几乎包含了企事业单位所有的运行操作。具体从以下方面进行分类：

（1）根据内容分，业务流程可分为客户关系管理，供应链、知识和决策管理等。

（2）根据重要度分，业务流程可分为核心流程和非核心流程。

（3）根据操作分，业务流程可分为运营流程和管理流程。

（4）根据范围分，业务流程可分为组织间流程、职能间流程和个人间流程。

（5）根据过程分，业务流程可分为串行流程、并行流程和反馈流程。

（6）根据目标分，业务流程可分为长期（投资）流程、中期（运转）流程和短期（获益）流程。

（二）图书馆自动化系统建设的原则

图书馆自动化系统建设虽然是一项复杂的系统工程，但是以系统建设目标为指导，联系图书馆自动化系统建设的影响要素，可以把图书自动化系统建设的基本原则归纳为以下几个方面。

1.系统性原则

现代系统论认为，世界上一切事物，无不从属于一定的系统，系统是物质存在的普遍方式和属性。系统是由相互联系、相互依赖、相互制约、相互作用的事物和过程组成的具有整体功能和综合行为的统一体。图书馆本身就是一个系统，同时存在于社会这个大系统之中。图书馆自动化系统是包括设备、人力、技术、数据以及机器运行的统一的整体。建立图书馆自动化系统就是要用以计算机为主的现代化设备完成图书馆工作中各种信息的输入、存储、加工、传递和使用，从而提高图书馆工作效率。为了达到这种目的，必须坚持系统性原则，用系统方法来指导图书馆自动化系统建设，正确地处理系统与环境的关系，系统目标与系统功能结构的关系，系统整体与部分的关系，系统内部诸多要素相互之间的关系，系统各建设要素之间的关系，系统建设各工作阶段之间的关系。

在图书馆自动化系统建设时，坚持系统性原则，应该做到以下几个方面：

（1）外部条件和内部条件相结合。外部条件就是环境因素，一个系统不仅受到本身因素，如信息流、物质流的制约，而且受到图书馆工作制度、规定、读者、经济、社会环境等因素的制约。因而，在系统建设时，应把内外部各种因素结合起来，综合分析。

（2）当前目标与长远目标相结合。在图书馆自动化系统建设时，必须要把当前目标和长远目标结合起来，不能只顾眼前，应展望未来，把握其发展趋势，使系统具有一定的可扩展性，能够适应一些新的变化。

（3）局部效益和整体效益相结合。图书馆自动化系统是由采访子系统、编目子系统、流通管理子系统等组成的，这存在一个局部效益与整体效益的问题。在进行系统建设时，应从整体目标出发，寻求最佳的整体效益。

2.开放性原则

网络环境下的图书馆自动化集成系统是一个开放系统。以开放性思想建设图书馆自动化系统，使图书馆的网络化成为可能，真正实现信息资源共享。在开放性的原则下，图书馆所提供的信息资源及其服务不再局限于一个馆，而是扩展到整个网络；服务对象不再局限于一个馆的读者，而是服务于网络中的众多用户；图书馆搜集和加工的数据并不再仅仅归自己所有，而是网络中所有合作者的共同财富。

3. 实事求是原则

图书馆自动化建设要从客观实际出发，紧跟时代发展的潮流，找准切实可行的高起点，做好全面规划。系统建设时，应遵循辩证法的观点，把系统与环境之间的以及系统内部的问题客观地反映出来。同时，要保证系统与子系统及其环境符合空间和时间的有序性，协调它们之间的各种关系，不断加以优化，使系统总体性能处在最佳状态。针对图书馆工作的实际情况，从实际出发，将日常工作中重要烦琐的手工管理电子化，全部纳入自动化管理，并且使自动化系统操作使用灵活、简便，系统功能充分满足各个工作环节业务处理的需要。

4. 高效率原则

系统的工作效率是系统建立时应该注意地一个问题。效率与时间有关，如联机处理的响应时间（从发出要求到应答信号的时间）、批处理系统的处理速度（处理单个业务的平均时间）。在实时录入成批处理的事务处理系统中，常用处理能力（标准时间内处理的业务个数）来表示系统的工作效率。影响系统效率的因素很多，包括系统的硬件及其组织结构、人机接口设计的合理性、计算机处理过程的设计质量等。

5. 标准化原则

标准化是人类以制定标准和贯彻标准为主要内容的活动和过程。一般认为，统一、简明、协调、优化是标准化的基本原则。开放性靠标准化实现。标准化是网络环境各种功能和活动的基础。网络环境下的图书馆自动化系统建设不仅强调系统内各子系统之间的协调一致，还要考虑系统自身与其他图书馆系统，与社会的协调、联系与合作。为使这种协调、联系与合作能够得以实施，必须制定和遵循一定的工作标准。

网络环境下的图书馆自动化系统建设应坚持标准化原则，严格按照有关的标准特别是系统工程和软件工程的思想和有关的标准规范来进行建设工作，达到尽可能减少经费、提高效率和保证质量的最优效果。标准多半与数据交换相关，如机读目录格式的标准、信息检索的应用服务定义和协议描述等。

6. 可靠性和安全性原则

系统的可靠性和安全性是指系统在运行过程中抵御各种干扰、保证系统正常工作的能力，包括检查错误、纠正错误的能力，以及系统一旦发生故障后重新恢复、重新启动的能力。系统在运行过程中难免会遇到各种干扰，这些干扰有人为的，如病毒、无意的错误操作；有自然的，如地震、火灾、突然停电等。在网络环境下，图书馆自动化系统的可靠性与安全性面临新的挑战。提高系统的可靠性和安全性也有各种途径，如选择可靠性较高的设备，采用硬件结构冗余设计、设置故障检测、恢复处理等安全措施等。系统所用设备和材料均应符合国际和国内认可的有关标准，保证系统在高负载情况下的稳定性，利用各种先进技术，有效地控制系统资源，保证自动化系统的正常运行。

7.经济性原则

系统的经济性是指系统收益与支出之比。图书馆自动化建设不仅要提供配置硬件的经费支持，而且对于硬件购置以后的维护、软件配置和维护等同样需要提供经费支持或至少提供启动经费。

图书馆自动化系统的作用主要表现在提高图书馆信息处理能力、强化信息资源作用。图书馆是公益性的事业单位，很难体现直接的经济效益。所以，在评价图书馆自动化系统时，还应重视其社会效益。

二、图书馆自动化集成系统结构组成

图书馆自动化集成系统结构组成主要有以下五大模块。

（一）图书采访子系统

建立图书采访子系统的目的在于为图书采访工作提供各种必要的数据，打印统计报表，处理各种订单，进行经费管理，及时与出版商联系，掌握出版发行动态，实现图书采访工作的自动化。它的业务功能主要有以下内容：

1.订购管理

订购管理包括单行本、丛书、多卷书采购数据套录、输入、修改、删除、查询，打印订购单及对订购清单情况做剔除或做复本处理。

2.验收数据

验收数据包括图书的验收，个别登记，打印财产账，总括登记查询，打印总括登记表，核查所验文献资料是否订过，加入和修改采购信息和记录，进行退还管理，打印差错清单等功能。

3.经费管理

经费管理包括经费使用情况的管理及有关单据管理，对与发行者之间财务往来和所有财政支出做有效记载，追加采购记录时可提示经费是否已经超限，可自动进行多种货币币值的转换。

4.统计报表

统计报表功能包括预订统计、到书统计、接收统计、赠送统计，并产生相应的统计报表。

5.书商管理

对书商信息进行标准化管理，增添新出版社、删除旧出版社、出版社更名、出版社查询等，可加快采编部工作人员的工作进度。

6.票据打印

完成票据文档的设计工作，所有采购票据均可打印存档。

7.系统维护

对采访数据库进行追加或修改等操作，对不同来源的数据按标准进行转换，自动进行对ISBN（ISSN）号、出版单位、国别、书商代码等的规范检查；可对取消订购的记录进行批删除或个别删除；提供记录复制及复制时的修改功能；进行各种文档的维护，进行剔旧、注销时的财产账文档更新。

上述七项功能只是一些传统的图书馆自动化集成系统所共同具有的一些功能。近年来为适应网络环境的需求，各开发单位根据自己的软件特色在此基础上对原有的一些子系统进行了部分修改，增添了如电子订单采购等功能。

（二）图书编目子系统

计算机编目就是对图书数据处理的过程，也就是把一本书、一篇文献的内容特征和外部特征记录在计算机载体上，按条例进行规范著录，成为一组书目数据。图书馆的各项工作基本上就是以书目记录为基础而展开的。编目子系统是采购、流通、公共查询等子系统的基础，是图书馆自动化集成系统的核心组成部分。

1.编目

按照MARC著录格式，完成图书文献资料的著录工作。

2.规范控制

遵循共同的著录条例进行文献资料著录工作的规范控制，构建文献资料编目数据库。

3.书目查询

可通过题名、著者、关键词、ISBN号等多途径来实现书目信息的查询。

4.统计报表

对馆藏图书按分类、文种、馆地点等进行统计，打印报表。

5.数据管理

对所搜集的各类书目数据进行归类、管理，在顺利完成数据的录入工作后，对原始数据进行相应的分类归档。

6.系统维护

完成编目数据库的日常维护，进行编目数据的增、删、改等操作。同时在数据库建立完成后，也应建立起相应的倒排档，便于检索书目信息。

7.产品输出

校对无误后，将所得的编目数据存入编目数据库，并打印输出目录卡片及其他形式的各类工作文档。

（三）流通管理子系统

流通子系统是图书馆实现自动化较早、效果较明显的一个子系统。它是一个直接与读者接触的子系统，它的运转情况直接反映出馆藏建设的质量、读者的需求满足程度、服务质量和效率。由于流通子系统巨大的数据流通量，要求流通子系统必须保持高度的稳定性和可靠性。

1.流通管理

流通管理功能主要是完成图书馆的文献资料的借书，还书、续借、预约、催还、罚款、图书查询、藏书管理等功能。

2.读者管理

系统需实现读者办证、读者退证、读者挂失及解挂失、读者补新证等功能。

3.统计报表

进行藏书统计（含馆藏图书的种数和册数、藏书保障率的统计）、图书馆读者统计（含读者总人数统计、按读者类型统计人数、读者到馆率的统计）、图书流通统计（含各类型的图书的流通率、拒借率的统计），打印相应的报表，建立图书文档、读者流通文档、预约文档、统计文档，并打印输出各类报表。

4.财经管理

对图书馆流通系统的一些图书馆罚款和复印、打印等图书馆有偿服务费用进行财经管理。

5.系统维护

系统维护包括流通子系统的数据维护和安全维护两方面的内容，对流通子系统的各类数据库进行及时地修改与维护，确保系统的数据和文档安全。

（四）期刊管理子系统

期刊管理子系统的采购、验收、装订、编目、流通、统计报表、经费管理、系统维护等子系统的功能和内容与图书的采访、编目、流通等子系统的功能和内容相似。与各图书资料处理系统相比，期刊子系统只是在具体的操作过程中，比图书多了一个过刊的流通与管理过程。读者可参照上述的各图书子系统的功能来了解期刊管理的一些功能。

由于期刊本身所具有的出版周期性、连续性、使用率高等特点，人们在进行图书馆自动化集成系统的设计时，将它单独作为一个子系统来进行设计。在具体的系统分析与设计过程中，期刊也有一些不同于图书的部分，尤其在当前的数据库建设时期，期刊全文数据库的建设成为众多的图书馆数据化建设的重要内容。期刊编目、索引的质量将直接影响期刊子系统的质量。

在设计期刊子系统时应注意到期刊的特点：期刊的采集过程是有规律的，订购基本是一年一次，相同种类的期刊每年的订购数据基本不变，可重复使用。它的书目数据库一般主要由编目数据、馆藏数据和采集相关的一系列索引文件（倒排档）组成。编目的查询途径包括分类号、主题词、ISSN号、题名关键字、编者以及上述途径的逻辑组合。在流通过程中，期刊的管理比图书的管理多了一项过刊管理，具备对过刊的装订和著录、流通等处理功能。

（五）信息咨询与检索子系统

信息咨询与检索子系统是传统的情报检索子系统的功能的延伸，在新的网络环境下，出现了图书馆的联机公共检索系统（OnlinePublicAccessCatalogue，OPAC）。信息咨询与检索子系统的功能主要包括以下几个方面：

1.信息咨询

信息咨询包括读者信息查询、读者个人信息管理、书刊目录信息查询等内容。

2.情报检索

情报检索包括图书检索、期刊检索以及其他的各类资源（包括电子信息资源和网络信息资源）的检索。它既能进行单项检索（按照题名、著者、关键词等检索点进行检索），也可提供逻辑组配、截断、二次检索和辅助检索功能，能够提供友好的用户接口，进行检索结果输出格式的选择和检索事务管理。

第二节　公共图书馆自动化系统结构完善

一、基于RFID技术的图书馆自动化系统的应用

（一）图书馆应用RFID技术的现状

从2006年厦门集美大学图书馆首个采用RFID技术应用于图书馆管理，同年深圳图书馆全面采用此技术，开启了图书馆利用RFID技术的先河。代替了人工进行图书借还模式的同时也增加了其他一些功能，比如图书盘点、防丢等。但是，受到RFID芯片价格的限制，采用此技术的图书馆局限于经济发达地区的图书馆。随着技术的完善，成本的下降，能够接受RFID技术投入成本的图书馆越来越多，特别是近几年，根据智研咨询发布的《2019—2025年中国图书馆RFID行业市场

深度调研及投资前景分析报告》显示，2017年我国图书馆RFID市场规模为4.93亿元，2018年我国图书馆RFID市场规模增长至9.37亿元，增长十分迅猛。因此，RFID技术使得图书馆流通工作的智能化更近一步。

（二）RFID在图书馆的应用场景

RFID技术称为射频识别，是通过射频信号自动识别目标对象并获取相关数据的技术。它应用于图书馆，替代了原有图书中加磁条单一的防盗功能。由于其存储数据容量大，存储信息更改自如的特点，用RFID技术的芯片加入图书中后，使得其与图书馆自动化系统结合，应用于图书馆的各种场景。

1.图书馆自动化系统与图书的自助借还

图书馆自动化系统中流通子系统是通过条码阅读器读取读者、图书各自的唯一条码实现图书的借阅，优点是无论针对读者还是图书，其准确率较高，出现问题能及时发现。缺点是仍需人来操作条码阅读器读取条码。借阅时间也受工作人员工作时间的限制。将RFID的芯片植入到图书中，将自动化系统中图书的数据转换到芯片中，借助自助借还机实现图书的自助借还。

2.图书的定位功能

如果说应用RFID的首要场景是自助借还，那么图书的定位则是第二个场景，原因是在当前获取文献信息多途径的状况下，读者获取纸质图书更多取向于在系统OPAC上查询馆藏图书后，依据图书信息到图书馆借阅，OPAC上图书信息仅显示给读者该书的馆藏地点及索取号以及在馆信息，存在着读者对图书馆的索取号陌生的因素，应用RFID后，经过对图书的准确定位，读者可根据架位号找到图书，既可方便读者。

3.入馆的门禁功能

门禁功能是通过读取读者的借阅证，判断读者是否为本馆的读者，是则通过，否则道闸关闭。同时也相应统计出每天的到馆人数，解决了图书馆安全及人员流动的统计功能。但是，随着疫情的爆发，学校的图书馆已更新为人脸识别系统，RFID的门禁功能大大削弱。

（三）RFID技术在图书馆应用出现的问题

图书的自助借还系统解决了图书流通工作中人工成本及服务时间受限的弊端，大大提高了流通工作的效率，也提高了图书馆为读者服务的水平，方便了读者。但是，RFID芯片的加入，也给图书馆带来一些问题。

（1）采编工作，原来新书到馆后图书的加工流程是验收、加工、典藏，之后入库上架。但使用RFID芯片后，在典藏之后增加了对每本图书进行数据转换，用于自助借还，直接增加了一个作业项，相应增加了馆员的工作量。

（2）流通上架工作，使用芯片前，图书上架按照贴在书脊上的图书书标进行排序、上架。使用RFID芯片后，因为需要对图书的定位，馆员需用手持读取器扫描图书上架，由于读取器受环境及灵敏度的影响，并不是理想状态的速度，大大降低图书上架的效率。低于原有根据书标上架的速度。

（3）经济核算，RFID的使用，使得图书馆馆藏图书都需加芯片，而芯片的价格成本仍然是很多图书馆不愿接受的，特别是近几年纸质图书借阅率的大幅下降，如果使用RFID芯片，图书的加工与利用处于比较尴尬的局面。

（四）挖掘RFID技术在图书馆自动化系统的应用

虽然采用RFID标签的图书馆在使用的过程中出现了各种问题，但可以看到，一项新的技术从开始产生到成熟是要有一个过程的，需要不断修正、不断完善的。如果因为出现一些问题就审慎、观望是不利于图书馆发展的，正确的处理办法是：如何深入挖掘此项技术，扩展其在图书馆的功能，逐步达到成熟，进而得到推广。

1.采用RFID标签后采编系统要拓展增加架位的功能

既然RFID标签对图书具有准确定位的功能。因此，如果在编目的时候有一项直接对编目后的图书能够设定基本的架位，这样每本图书相应被赋予了一个基本准确的架位号，但是原有赋予的索书号仍然存在，只是从编目增加了一个架位号，保证加工后的图书在整个自动化系统中除具有分类号、索书号、馆藏地点外还有一个架位号，这样读者检索图书后就可依据架位号找到该书，比原有的索书号更直观，更易让读者接受。

2.采用RFID标签后弱化了自动化系统中索书号的作用

我们知道，索书号是采编在图书加工过程中给图书分配的用于检索的号码，方便图书馆管理及读者借阅，由分类号及种次号组成。在图书上的体现就是打印到书标并贴于书脊上及书名页上。使用芯片后，由于标签可以对图书有定位功能，替代了图书的索书号在书架上的功能。对工作人员来讲，上架分出了两种：一是新书上架，根据索书号找到相应的架位→上架→定位；二是还回图书上架，扫描图书条码，根据显示的位置将图书上架。因此，图书上架特别是旧书上架已经完全替代了索书号上架。对读者来讲，通过系统查询图书后，根据系统显示的架位号就能找到该书。因此，RFID标签的使用弱化了自动化系统中索书号的作用。

3.系统检索端功能要利于读者查找图书

一般情况，读者获取所需图书采取的途径有两种：一是直接去图书馆在书架上浏览；一是在图书馆自动化系统的检索界面查询。在检索界面查询后一般确定馆内是否有需要的书，之后记下索书号以便到书架上查找，但很多读者并不明白索书号的作用，查到有需要的书后就到书架上找，仍然花费很多时间。在图书馆系统中赋予架位号后，简单易懂，读者就可根据架位号直接到图书馆找到该书，节省了时间。

二、智能机器人技术在图书馆自动化系统中应用

（一）图书馆磁自动导航智能化机器人技术类型

1.图书馆磁自动导航智能化机器人技术

图书馆智能移动机器人的一个重要功能就是能实现自动导航，根据不同场合使用机器人的不同设计要求，两种或两种以上的自动导航技术混合或联合使用，可弥补各自的不足，目前图书馆智能化机器人的自动导航技术类型中，有磁、光、声、视觉、惯性和GPS等多种自动导航技术类型。在这些技术类型中，激光自动导航技术类型成为图书馆机器人应用的主流导航类型。磁力自动导航技术类型的原理是通过磁场强度的变化和作用赋予机器人感知和动作的能力。通过对其周围环境进行数字逐帧扫描、采集扫描数据、统计分析数据、进行逻辑判断，从而使机器人在感知过程结束后做出动作选择、规划行进路径，从而实现机器人根据预定路径的物理位移行为。

2.图书馆寻磁自动导航与电磁自动导航机器人技术

电磁式自航仪的工作原理是利用磁条传感器，通过探测磁场的强度来识别机器人行走的路径，使机器人始终跟随和保持在固定的磁轨内，自动寻磁导航技术具有无声、无光、简单易行、抗干扰能力强等优点。电磁式自动导航技术的工作原理是在机器人经过的路线上铺设多条金属线引导电缆，并在金属线上加设不同频率的导引电流，通过磁感应线圈对电流进行检测，即通过对导引频率的识别，感知机器人经过时的路径信息。电磁式自动导航技术具有无声、无光干扰、布线隐蔽、防污染、防破损、易控制、通讯、制造成本低等优点，但与电磁自动导航相比，其缺点是路径难以扩展，适应复杂路径的局限性较大，也是电磁自动导航技术最大的短板。

（二）图书馆光自动导航智能化机器人技术类型

1.图书馆激光自动导航智能化机器人技术

激光自动导航技术的工作原理是由激光器发射出一个激光信号，根据从物体反射回来信号的时间差计算机器人与物体之间的距离，根据发射激光的角度确定物体和发射器的角度，通过距离与角度相结合，从而确定机器人与物体相向的准确位置。它是目前最稳定、最可靠、性能最高的自动导航技术类型之一；同时具有连续使用寿命长、后期改造成本低等优点。

在激光自动导航技术的模式方面，采用激光自动导航技术的图书馆智能化机

器人一般同时配备自主导航和固定导航两种激光自动导航模式。自主导航模式的自动化程度更高，它可使机器人在陌生的环境中行走完一个完整的循环路径后，即可自主绘制出所经过路径的地图模板。根据该地图模板，它会启用自主导航模式，自动规划导航的行走路径，以及启动自动规避功能进行自动避障。

2.图书馆红外光自动导航智能化机器人技术

典型的红外光传感器包括两个主要构成部分，即固态发光二极管和固态光敏二极管。前者用于发射红外光，后者用于接收红外光。红外光自动导航技术的工作原理是由红外光敏二极管接收由红外发光二极管发射、经过调制并反射的信号，通过红外光传感器可测出机器人距离目标物体的位置，进而通过其他的信息处理方法实现对移动机器人的自动导航。它具有自动导航灵敏度高、角度分辨率高、结构简单和成本低廉等优点，因此，该类自动导航技术更适合图书馆智能化移动机器人。如：机器人在书库中行走时，遇到在书库中浏览的读者可启动自动避障功能，防止与读者发生碰撞。

红外光自动导航技术经常被用在图书馆文献拾取所用的多关节机器人中，构成文献拾取机器人手臂的"敏感皮肤"，从而可检测到文献拾取机器人手臂运行过程中遇到的各种物体。

（三）图书馆声自动导航智能化机器人技术类型

1.图书馆超声波自动导航智能化机器人技术

超声波被应用于机器人，是一种典型的声自动导航智能化机器人技术类型。超声波自动导航技术的程序经历了发出超声波、反射超声波和接收反射波三个过程。发出超声波的工作由超声波传感器的发射探头完成，反射超声波是指超声波在传输介质中遇到障碍物返回，接收反射波是由接收系统完成，通过计算超声波发出及反射回波的时间差和传播速度，得出超声波传播的距离，进而获得机器人与障碍物间的距离。其优势主要体现在以下三个方面：一是源于超声波传感器所具有的高、快、廉等特点，即距离分辨率高、采集信息速率快、制造成本低廉；二是测距速度快捷，数据的实时性能优良；三是不易受外界环境条件的影响，如气候条件、光线条件、障碍物的阴影，以及物体表面的粗糙程度等。

2.图书馆超声波自动导航智能化机器人技术的改进措施

超声波自动导航技术也并非十全十美。例如，超声波传感器自身就存在镜面反射问题和有限的波束角问题。技术上的解决方案通常设置多个传感器相互配合，联合构成一整套超声波传感器系统。因为单个超声波传感器难以充分获知周边的环境信息，而多个传感器组成的超声波传感器系统则可充分发挥其联合效能。其它的解决方案是将发射装置与接收装置分开设置，在移动机器人上安装超声波发射探头，在环境地图中布置多个接收装置，通过串行通信先把超声波传感器采集到的信息传递给移动机器人的控制中心，控制中心再根据采集到的信号及所建立的数学模型进行相对应的数据处理，最终使机器人得到准确位置的环境信息。

（四）图书馆视觉自动导航智能化机器人技术类型

1.图书馆视觉自动导航智能化机器人技术

目前，图书馆视觉自动导航智能化机器人技术也被称为即时定位与地图构建自动导航技术。视觉自动导航技术的实现要经过四个工作阶段，即视觉信息采集阶段、视觉信息压缩阶段、视觉信息反馈阶段和视觉信息处理阶段，视觉自动导航技术的工作原理就体现在这四个阶段中。视觉信息采集是通过摄像头对机器人周边的环境进行图像信息收集；视觉信息压缩是计算机将采集到的光学信息数据进行数字压缩；视觉信息反馈是将压缩后的数字信息反馈到计算机学习子系统中，该系统由神经网络和统计学方法构成；视觉信息处理是将图像信息与机器人的实际位置相互关联，从而实现机器人的视觉自动导航技术功能。

2.图书馆视觉自动导航智能化机器人技术的改进措施

在图书馆视觉自动导航智能化机器人技术系统中，国内、外应用较多的传统方式是为机器人安装车载摄像机。由于受车载摄像机数量不能太多的限制，这种方式属于一种基于局部视觉的自动导航方式。在采用视觉自动导航的技术类型中，控制设备和传感装置都被固定安装在机器人的移动车体上，其视觉图像识别和行走路径规划等都由车载控制计算机指挥和实施完成。为突破车载摄像机数量的制约，目前很多视觉自动导航机器人技术系统已采用CCD图像传感器，用以替代价格昂贵且数量受限的车载摄像机系统。如：其中的面阵CCD图像传感器采集的视觉图像分辨率最高可达1024×1024像素，能满足机器人在图书馆工作中的图像信息采集需求。

三、图书馆自动化系统的建设与创新发展

（一）探索历史脉络下图书馆自动化系统发展动力

该书是我国回顾图书馆自动化系统历史的记录性专著，按照时间的顺序，将国外计算机检索系统传入、国内图书馆单项业务自动化系统研制以及移动图书馆环境中自动化、网络化集成系统的自主创新的发展脉络较为清晰简明地呈现在人们面前，帮助人们更好地把握图书馆自动化系统发展的一般规律、目标趋势，找准图书馆自动化系统发展的内在动力和外部因素，为当下图书馆数字化、信息化的建设发展积累丰富的经验，奠定良好的基础。图书馆自动化系统的引进、应用、创新是我国图书馆在信息化时代与时俱进发展的基本路线，是图书馆在现在、未

来赖以生存和发展的必经之路。可以说，边记录，边总结，边发展是当下图书馆自动化系统发展的一般方式，有助于帮助图书馆不断完善自动化系统的结构体系、服务管理体系，让图书馆自动化系统能够更好地适应时代，更好地服务读者受众。

（二）促进图书馆自动化系统功能的创新与丰富

图书馆自动化系统包含丰富而多样的服务系统和咨询管理模式。在该书中，作者不仅列举了数字图书馆环境下的资源发现系统、电子资源管理系统、学位论文管理与服务系统、随书光盘管理与服务系统、机构知识库管理与服务系统等不同的系统模式与功能，同时还着眼于移动图书馆环境下的创新发展，对超星移动图书馆、超星百链云图书馆等进行了介绍，展现了移动互联网时代移动阅读服务、移动信息服务的创新发展趋势。由此可见，在我国图书馆自动化系统发展的过程中，系统功能与服务正日益创新化、丰富化，满足人们对图书馆的多样需求，以期给人们带来更好的图书馆信息服务。也就是说，随着信息化时代的发展，人们获取信息的速度加快了、渠道丰富了、质量要求提高了，面对这样的变化，图书馆自动化系统的发展需要与时俱进地分析新现象、新问题，探索创新性的自动化系统管理模式、服务模式，不断研发新的功能和模块，以便提供更好的图书馆信息服务。

（三）展望图书馆自动化系统的未来发展趋势

该书在对图书馆自动化系统发展历史脉络的梳理后，以前瞻性的目光总结了图书馆自动化系统40多年发展的成就，探讨了我国图书馆自动化系统的未来发展趋势，为分析我国图书馆自动化系统发展特点、优势和一般规律提供了卓有价值的思考。该书还指出，未来我国图书馆自动化系统的发展趋势在于向多层体系结构和标准化转变，在于向大数据库和全媒体管理转变，在于向无线、自助服务转变，在于从集成走向融合。以实践为导向，图书馆自动化系统的未来发展趋势势必需要满足读者受众的多样化需求，为信息阅读、信息整合、数据库建设、全媒体融合、教学科研、文化服务等做出贡献。同时，在图书馆自动化系统的自主研发与创新中，图书馆还需要对图书馆自动化系统服务环境、自动化馆员队伍建设、硬件软件基础设施建设、服务管理机制健全等方面做出进一步的研究与完善，全方位地推进我国图书馆自动化系统又好又快发展。

第五章 公共图书馆信息化管理体系建设

第一节 公共图书馆管理内容

一、现代公共图书馆管理体系的建设研究

（一）古代中、西方图书馆的管理

1.古代中国图书馆管理的历程

（1）宫廷、官府图书馆的管理

我国最早的图书馆起源于商朝，当时的人们就已经开始收藏文献信息资源了。但在我国，古代的图书馆称为藏书楼，图书馆是近代才引进的称呼。公元前16世纪至公元前11世纪的商代，随着文字构成和语法组织的发展，商代的文献收集和保管已经有了极大地发展。据考古发现，商代已经把一个朝代的文献集中地加以整理，并设以专门的收藏地点，以便于随时抽取、查阅。其文献内容也涉及广泛，有记载社会生活、农业生产以及朝廷事务、军事征战、王位继承等。商代甲骨文献的收藏可以被视为古代图书馆管理的萌芽。

公元前11世纪至公元前8世纪的西周已经开始设立专门的官吏从事文字的记录和史实的撰写。思想家老子就曾担任柱下守藏史，可谓早期的图书馆管理员。而且西周的史官（收藏典籍的官吏）已经按专题分工，从事不同的收藏、整理工作。可以说，周代是古代图书馆管理成型的时期。

春秋、战国时期是我国古代思想繁盛的时期，众多伟大的思想家都是诞生在这个时期，加之春秋、战国时期简书、帛书的普及和书写工具有了极大的改进。所以这段时期的藏书情况不仅有了长足的发展，各个诸侯国都拥有自己的图书馆，

而且图书管理得到了极大的重视。这一时期产生了真正的文献学家，其中最著名的可以说是孔子。孔子不仅是春秋时期的教育家、思想家还是文献学家，他曾整理六经，使商周的文化典籍更加系统化，是我国文化发展史上的一件大事。

秦朝统一中国后重视典籍的收藏，曾先后建立了多处宫廷和政府机构的藏书楼。可惜，秦末的楚汉相争使宫廷藏书遭受了极大的损失。

汉代从建国初期就采取了宽松的文化政策，从而使官府的藏书得到的极大地发展。汉代确定了封建社会官府藏书的类型，完善了图书馆管理的工作内容，充实和配备了管理官员，如区分了藏书的门类，按类设置了专门的人员，明确了图书馆整理的程序。最终生成了中国历史上第一部综合性的群书目录——《别录》和第一部综合性的群书分类目录——《七略》。所以，汉代可谓古代图书馆管理的确立时期。

三国、两晋、南北朝时期，由于战乱不断，官府藏书的状况时好时坏，不过纸张的普及，写本书的大量出现，还是极大地丰富了图书馆的馆藏资源

隋唐时期由于经济、文化的快速发展，官府图书馆也同样快速发展。唐朝的宫廷藏书和中央政府藏书已经形成由上至下的体系，各有详细的分工。唐朝还注重宗教典籍的收藏、翻译和整理，使写本书的收藏达到高峰，是古代图书馆管理的发展时期。

宋元时期的印刷书本大量出现，藏书更趋于丰富，同时官府藏书的整理工作更加频繁。宋朝的官府图书馆还允许外借，并设专门的人员负责借还。宋朝重视从事图书馆管理工作的人员素质，要求一律从科举高第或现任官员中挑选，并且必须经过考试。南宋时期对图书馆的管理更加正规，对重要藏书校勘、出借制度和书库管理做了严格规定，并设"定期曝书制度"使书籍得到妥善收藏，是古代图书馆管理的高峰时期。

明朝虽然同样设有官府图书馆，但官藏的管理力量却实际上被削弱了。清朝从康熙帝开始又重新重视了官藏，到乾隆年间建起了完整的官府藏书的完整体系。

（2）私人图书馆的管理

魏晋南北朝时期出现了我国最早的私人图书馆，但由于早期纸张载体得之不易，各家藏书的数量不多，品种也不繁复。但早期的私人图书馆采取了开放的管理模式，这种做法对我国古代社会的图书馆发展产生了深远的影响。同官府藏书一样，随着经济文化的发展，各朝各代的私人藏书无论从数量、质量还是管理都有长足的进步，到了明清时期，私人图书馆的发展达到高峰。

（3）书院图书馆的管理

书院藏书是从北宋到清末的一种藏书形式，与现在的高校图书馆相似，其藏书的目的是为师生提供研习之资，服务、服从于其教学与学术研究工作，并形成

了独具特色的公共性与开放性管理模式。书院藏书从元代开始进入正规化、制度化，并设置专人管理图书，形成图书馆借阅制度，编制院藏图书目录，方便了读者检索、阅读。《杜洲书院书板书籍目录》《共山书院藏书目录序》《西湖书院书目序》是现在最早的中国书院的藏书目录和书目序。

2.古代西方图书馆的管理发展

（1）早期的西方图书馆管理

图书馆是人类文明发展到一定阶段的产物，从图书馆产生伊始，图书馆管理就伴随着图书馆一同发展。西方社会的图书馆最早产生在两河流域的巴比伦文明中，最有名的就是巴比伦王国的亚述巴尼拔国王的图书馆。这所图书馆在图书整理和编目已经有所探索，所藏的泥版文书都按不同主题排列，有些还刻有主题的标记。在收藏室的门旁和附近的墙壁上注有泥版文书的目录。对篇幅较大的泥版文书还做一些简单地叙述，有的还摘录书中的重要部分。据推测，这样一所图书馆至少由20名书吏来抄录和管理泥版文书。

此后古埃及、古希腊、古罗马都先后拥有了自己的图书馆。这些早期图书馆的建立者一般都是国王，管理者多是具有丰富知识的学者。馆藏内容丰富，既有记载皇室活动的记录，也有宗教、科学、文学等世俗性图书。其中古埃及的托勒密一世建立的亚历山大图书馆赫赫有名，不光因为其拥有丰富的馆藏，还因为历届的亚历山大图书馆馆长都对图书馆管理事业的发展做出了贡献。其第三任馆长卡里马科斯编制了该馆的图书目录，该目录叫《皮纳克斯》，又名《各科著名学者及其著作目录》，是一部名著解题目录，共120纸草卷。

古希腊时期还出现了私人图书馆，其中最有名的就是柏拉图和亚里士多德的私人图书馆，这些图书馆收藏的文献对文化知识的传播起了重要的作用，此外，古希腊还有学校图书馆的存在，并在这些学校的遗址上发现了书单模样的"目录"。

古罗马的图书馆早期以私人图书馆为主，其馆藏来源于同古希腊的战争。这些私人图书馆的管理者多数也是被掠回来的文化人或有一定文化水平的奴隶。后期公共图书馆也开始出现在古罗马。恺撒大帝的意愿就是建立一所伟大的公共图书馆，虽然在他生前并没有完成这个愿望。但后来的继任者实现了这一愿望，并将建立公共图书馆的传统延续了400多年，到公元4世纪初，仅罗马一地就有28所公共图书馆。古罗马的图书馆管理工作分工趋于专业化，出现了馆长、馆员、副馆员、助理馆员之类的等级，这些馆员除了从事图书的采购、修补、摘录、排列等工作，有的还从事抄写或翻译。这一时期开始出现女性馆员。

（2）中世纪时期的宗教图书馆管理

公元3世纪开始的罗马帝国受到大规模的入侵，众多的文献随着图书馆的毁灭而消失。古代修道院图书馆成为学术中心。此时，古代的大型图书馆已经无影无踪，取而代之的是收藏教会书籍、规模极小的修道院图书馆。这些修道院图书馆藏书极少，图书馆管理的责任是按一定的规律将图书馆分类，有的按语种、有的按开本大小、有的按赠寄者的不同。同时还编制简单的目录，并与其他馆交换藏书单，这在不同程度上带有联合目录的性质。

（3）文艺复兴带来的图书馆管理发展

公元14世纪开始的文艺复兴运动席卷欧洲，也推动了图书馆事业的复苏和发展。私人图书馆和早期的公共图书馆开始出现并活跃起来，馆藏数量迅速增加。图书馆开始向学者开放，为他们提供看书的方便。但图书馆管理还没有摆脱中世纪陈旧的管理方式，没有真正的图书馆管理员。

（4）公元16、18世纪的图书馆

随着造纸术、印刷术的推广，欧洲各国的出版业也得到很快发展。图书开始由上层社会走入中下层民众，图书馆的藏书量大幅度增加。此时的图书分类更加合理。诺代发表的《关于图书馆建设的意见》成为第一本图书馆学理论书籍，初期的图书馆管理理论形成。历史上第一本图书市场目录也在德国出版了。各种有特定藏书范围或有一定服务对象的专业图书馆出现了，主要有法律图书馆、商业图书馆、自然科学图书馆等。

（二）管理理论与现代图书馆管理

1.管理思想与管理理论的产生与发展

社会进步离不开管理的推动，管理是对组织资源进行有效整合以达成组织既定目标与责任的动态创造性活动，是一种实践，一门艺术。管理思想和管理理论都是人们在实践中饯行出的经验总结，虽然这些思想与理论形成学科不过一百多年，但却有其深深的根源，并早已经融入社会的各行各业，管理早已成为人类日常生活中的普遍行为。

（1）中国古代管理思想理论

人类文明从诞生之初就伴随着人类的管理行为。但对于管理实践所产生的管理思想和理论，却由于中西方文化的基础不同，产生了很大的差异。但中西方的管理思想都是人类文明的结果，其合理的内核都对人类社会的管理发展起着积极的作用。中国古代的管理思想相对于西方管理思想来讲，其体系和结构完全不同，是从另外不同的角度揭示了管理的规律。①

在我国，古代的管理思想的代表有儒家、道家、法家、兵家等各流派，不管这些管理思想在政治意义的功过是非，仅从他们在管理国家、巩固政权、统帅军队、组织战争、治理经济、发展生产、安定社会来讲，这些管理思想即使是在当今的社会，也有着极其重要的指导作用。其中儒家管理思想作为我国传统文化的主流强调中庸、强调人和，是一种人本管理的思想。总之，中国古代管理思想对今天的各项管理工作，特别是对市场竞争环境激烈中的企业，更具有重大的现实意义。

（2）西方古典管理理论的形成

在西方，管理学演变的过程经历了古典管理、行为科学管理和现代管理三个阶段。每种管理学派分别从自己的学科优势出发，从不同的角度、用不同的方法对管理问题进行了研究，不断发展和完善管理理论，使管理成为一门科学。

18世纪60年代后，以英国为代表的西方国家，开始了第一次产业革命，使生产力有了很大发展，随之而来的就是管理思想与管理方法和手段的创新，产生了早期管理理论的萌芽并形成古典管理理论，其中最有名的是：19世纪末的泰罗提出了"科学管理理论"。这种理论的核心目的是提高工作效率，其理论要点是：时间研究和动作研究，即通过该项研究规范员工的工作活动和工作定额；员工的挑选和培训，即科学地挑选员工，对其进行专门的培训、教育，并合理安排工作岗位，使能力与工作相适应；实行标准化管理，以提高劳动生产率；坚持专业分工原则，即明确工作和责任，实行分工管理，以提高管理效率；实现劳资双方的思想革命，即管理者应真诚与员工沟通合作，以确保劳资双方都能从生产效率的提高中得到好处。

亨利·法约尔是古典"组织理论"的奠基人，由于长期从事企业的高级管理工作，因此他的研究更注重管理者的活动，着重研究企业管理的一般理论，特别是企业组织理论。他的理论思想核心内容是：确定企业活动的类别，认为任何企业都有六种基本活动，即技术活动、商业活动、财务活动、安全活动、会计活动、管理活动；明确管理的职能，即管理具有计划、组织、指挥、协调和控制五大职能；总结了管理的14项一般管理原则，即劳动分工、职权与职责、纪律、统一指挥、统一领导、个人利益服从整体利益、报酬、集中、等级制度、秩序、公平、人员稳定、首创精神、团结。德国社会学家马克斯·韦伯提出了"行政组织理论"，他的代表作就是《社会组织与社会经济》，其理想的行政组织体系的理论要点是：明确的分工，即组织的成员按职业专业化进行明确分工；职权等级，即每个下级都应接受上级的控制和监督；人员的作用，即所有员工都应通过正式考试和教育训练进行任用；规章制度，即管理人员必须严格遵守组织的规章、纪律以及办事程序；管理人员专职化，即人员有固定的薪金和明文规定的升迁制度；非人格性，即规则和控制的实施具有一致性，不受个人情感的影响。

（3）西方现代管理理论

现代管理理论的演变经历了行为科学理论、管理科学理论和现代管理理论三个阶段。其中行为科学理论中的代表就是梅奥的人际关系理论。这种理论克服了泰罗的理论缺陷，改变了人们对管理的思考方法。使管理者更加意识到行为过程的重要性，也更意识到应把人看作是宝贵的资源，确定了员工是有价值的资源，并把重点放在管理实践上。但由于个人行为的复杂性所导致的对行为分析的困难，使这种理论未能很好地与管理实践相结合，在实际运用上并不广泛。

管理科学理论其实与泰罗的理论同属一脉，只不过是在它的基础上有新的发展，其中以数理理论、系统管理理论、运筹管理理论为代表。管理科学理论主要论及如何对制定和运用数学模式和程序的系统进行管理，也就是运用数学符号和公式进行计划决策和解决管理中的问题。这种理论的优势是运用复杂的管理科学技术计划、决策、组织、领导和控制，使数学模型和程序求得的决策成为解决问题的最佳方案，运用最新的信息情报系统，促进管理效率，同时也有利于了解管理职能环境的复杂性。管理科学的局限性是不能很好地解释和预见组织内成员的行为，并且由于数学模型太复杂，其功能可能影响其技能的发挥；模型有时可能不切合实际，而无法真正实现。

美国管理学家哈罗德·孔茨将"二战"后的众多管理理论称为管理理论的丛林，这些理论是现代管理的理论的统称。这些学派相互补充，从不同角度，带着各自学科的特点阐明现代管理的有关问题，但它们的基本目的却是相同的。其中比较有名的学派理论和它们的管理思想有：管理过程学派，注重管理的过程和职能；行为科学学派，是在人际关系理论基础上发展而成的，在强调人的行为外，还要求进一步研究人的行为规律，找出产生不同行为的影响因素，探讨如何控制人的行为以达到预定目标；系统管理学派，着重于用系统理论来研究管理问题以追求组织整体目标的最优化；决策理论学派，其代表人物赫伯特·西蒙认为："管理是以决策为特征的，管理的本质就是决策"；数学学派，强调运用数学模型和计算机技术来进行管理决策，以提高经济效率；权变理论学派，认为现实中不存在一种固定的、一成不变的标准管理模式，管理者应根据实际环境的变化，选择合适的管理模式和方法；经验管理学派，也称案例学派，主张从管理者的实际经验出发去寻求管理活动的一般规律和共性的东西，并使其系统化和理论化，以此指导其他管理人员的管理工作。

（4）现代管理理论的新思潮

管理理论在经过100多年的发展，已经形成了深厚的理论基础，到20世纪末，知识经济的迅速发展和组织管理的实践，使管理新思想不断涌现，各个管理学派互相渗透、融合，管理又有了向全面管理、综合管理发展势头，这些新思想为管理理论注入了新鲜的力量。

"学习型组织"是指通过培养弥漫于整个组织的学习气氛，充分发挥员工的创造性思维能力而建立起来的一种有机地、高度柔性的、扁平化的、符合人性的、能持续发展的组织。这种理论强调组织只有主动学习，才能适应变化的环境。"组织文化"理论，提出组织文化本质概念，认为组织文化是一个特定组织在处理外部适应和内部融合问题中所学习到的，由组织自身所发明创造并且发展起来的一些基本假定类型，这些假定类型能够发挥很好的作用，并被认为是有效的，由此被其成员所接受。

"企业再造"理论，提出了有关企业经营管理理论和方法，其新思想主要表现在强调组织流程必须采取激烈的手段，彻底改变工作方法，摆脱以往陈旧的流程框架。"竞争战略"理论，是引发美国乃至全世界有关竞争力问题讨论的理论，由迈克尔·波特提出。他认为，企业的管理都是在三种基本战略的基础上制定的，即成本领先战略、差异化战略、专一化战略，这些基本战略的共同目标就是确立企业在竞争中的优势。

"虚拟型组织"理论，明确提出通过建立虚拟组织、动态协作团队和知识联盟来创造财富的观点。其所谓的虚拟组织指的就是不仅把公司成员，而且把供应商、公司顾客以及顾客的顾客都看成一个共同体，倾听他们的意见，充分调动内外各种资源。建立这种组织，要更多地依靠人员的知识和才干，而不是他们的职能。

"创新管理"理论，主要由四个部分内容构成，即CIS企业形象设计、信息管理、工艺创新以及企业知识管理。它是在劳动者、劳动工具和劳动对象构成的生产力要素逐渐被信息、技术和管理等智力生产要素所取代，在高技术竞争时代产生的。品牌战略、无形资产将成为企业制胜的关键，信息资源的占有量将重新区分发达国家和后进国家，企业也将由此形成不同的竞争力，因此所有国家和企业都必须根据市场需求调整自己的战略目标。

2.管理思想和理论对我国现代图书馆管理的影响

现代图书馆管理是在管理学和图书馆学的基础进行的，所以在图书馆管理中必然要在立足图书馆学的专业基础上借鉴、吸收管理学理论的最新成果，以丰富现代图书馆管理理论，指导图书馆的管理实践，而在众多中、西方管理理论中能对图书馆管理起到有利影响的理论主要有以下几种。

（1）"创新管理"理论与图书馆管理

创新是未来管理的主旋律，作为人类社会持续发展下去的不竭动力，创新是指以新思维、新发明和新描述为特征的一种概念化过程。根据这一定义管理创新至少包括五个方面的内容：提出一种新的经营思路并加以有效实施；创设一个新组织机构并使之有效地运转；提出一个新的管理方式、方法；设计一种新的管理模式和进行一项制度创新。知识经济时代，面对科学技术日新月异，知识量、信息量剧增和市场剧变，谁能感觉敏捷抓住时机，谁就会在竞争中获得胜利。以往图书馆的管理制度和管理模式的设计，常常以规范人的行为、使人不犯错误为出发点，有着过多的管制和约束，这种过细过严的规则，通常会抑制了创新精神的发展。而管理上的创新能使图书馆打破常规，改革管理工作流程，大大提高管理效率；能使图书馆以敏锐的观察力，密切关注未来变化的新趋势、新动向、新问题，从而能以超前的意识果敢决策，适应未来发展的要求。此外，创新管理表现在图书馆管理中就是还要树立创新意识，发扬创新精神，在创新中寻找出路，在创新中寻发展，把创新渗透于图书馆的整个管理过程之中。要充分发挥现代信息技术和管理技术的优势，以促进图书馆管理创新为着眼点，更新图书馆管理理念，引进先进的管理理论，实现图书馆的技术创新、人员创新和服务创新，从而通过改革创新，建立起一套崭新的管理运行机制，以适应社会发展的需要。

（2）"组织文化"理论与图书馆管理

管理从他律到自律，起主导作用的是一种文化认同，文化力量在组织的潜移默化是至关重要的，被推崇为现代管理的最高境界。文化可以从根本上影响着图书馆管理的出发点和方向。广义上的图书馆文化指的是基于图书馆及图书馆事业的文化内涵与文化现象之和；狭义而言则是指在图书馆核心价值体系基础上形成的，具有延续性的、共同的认知系统。这种认知系统表现为馆员的群体意识形态，它能使馆员之间达成共识，形成心理契约。因此，图书馆管理中应注重文化的建设。树立积极向上的图书馆文化，有利于营造图书馆良好的社会形象，争取更多来自外部环境的有力支持；有利于引导馆员形成正确的职业观，将自身行为与图书馆的整体目标协调起来；有利于确定图书馆的办馆宗旨、服务方针、发展方向，并渗透到图书馆活动的方方面面。

（2）"人本管理""能本管理"理论与图书馆管理

"以人为本"的管理思想在历史上早已存在，中国古代的儒家思想体系就是"人本管理"的代表。在西方，从古希腊的雅典民主政治到现代管理理论思想，都有"以人为本"管理思想的体现。但从古到今，人们所重视的都是带有强制色彩的管理制度。这种管理依托于权力和强制，不重视人的真实感受和需要，强调遵守与服从。不过，20世纪中叶以来，人们逐渐认识到管理中人的因素的重要性，正式提出了"以人为本"的管理理念。目前，"人本管理"是世界上最为推崇的管理方法之一，被广泛应用于现代企业，是现代管理学中的重要理论。它强调的是以人的全面发展为准则，实施以人为中心的管理，其核心思想是尊重关爱人、理解信任人、完善发展人。对于图书馆管理来讲，"人本管理"的管理的核心就是把馆员作为最重要资源，使其作为管理的主体。围绕如何利用和开发馆员服务于组织内外的利益相关者，从而实现图书馆目标和馆员个人目标。实施"人本管理"，就是要通过科学、有效的方法，发扬馆员的优点，抑制馆员的弱点，提供能发挥馆员的潜能、智慧和创造力的环境，使馆员在创造社会财富、实现效益的同时，不断发展自我，实现自身的价值。"人本管理"属于柔性管理的范畴，其职能侧重于疏导、教化与激励，其特点是用柔性手段进行调节与控制，用非强制性的一套方法去影响、感应馆员的心理和行为，从而调动和激发他们的积极性、创造性，凝聚实现组织目标的群体意志和力量。有专家认为，在图书馆服务所发挥的作用中，图书馆的建筑物占5%，信息资源占20%，而图书馆员占75%。因此，图书馆事业要想充满生机与活力，建设一支高素质的馆员队伍是必需的。而只有通过"人本管理"才能全面开发馆员的潜力，充分发挥其才智。因此，图书馆管理的"人本管理"，首先，要尊重馆员，这里的尊重不仅包括尊重馆员的人格和表达意见以及个人发展意愿的权利，还要尊重馆员的能力，尊重馆员的价值和劳动；其次，图书馆要充分认可每个馆员在图书馆的贡献，客观地评价馆员的业绩；最后，要允许馆员选择适合自己的岗位，以便提供发挥其潜能的机会。

所谓"能本管理"，就是指以能力作为本位的管理理念，它是相对于"物本管理"和"人本管理"而言的，它源于人本管理，又高于人本管理，是更高阶段、更高层次和更高意义上的人本管理，是"人本管理"的升华。"能本管理"在图书馆管理的运用就是通过有效的方法，以期最大限度地发挥人的能力，从而实现能力价值的最大化，把能力这种最重要的资源转变为图书馆发展的推动力量，实现图书馆发展的目标和创新。目前，有些图书馆也在管理中尝试量化管理，但图书馆工作的性质决定了其部分岗位是很难用量化的方式来考核工作绩效的，而"能本管理"这种强调充分发挥个人的能力的管理，为图书馆管理提供了一条新的思路。在图书馆管理中引进"能本管理"理论，可以为图书馆建立各尽所能的运行管理机制提供理论支持。而在实际工作中管理者能善于及时地发现馆员的潜能，做到人尽其才，才尽其用。把有能力的、有干劲的人放到重要位置上去，从而营造一个有利于馆员良性竞争的环境，有效地调动馆员的工作积极性和能动性。

（4）"学习型组织"理论与图书馆管理

"学习型组织"作为20世纪90年代以来发展起来的一种全新的管理理论，是建立在系统动力学的基础上的。它的研究最早可追溯到20世纪60年代。其代表人物就是美国麻省理工学院教授，著名的管理学家彼得·圣吉。在他的代表作《第五项修炼—学习型组织的艺术与实务》一书中圣吉教授认为，"学习型组织"是以五项修炼为基础的，这五项修炼指的就是：自我超越、改善心智模式、建立共同愿望、团体学习、系统思考。它的本质就是要努力并善于组织全体成员进行不断地学习。学习型组织理论的问世引起了管理学界和企业家的广泛关注，并在企业实践中取得了良好效果。作为管理理论中的新思想，它融合了当代终身教育思想，把学习作为组织的生命源泉，是当今最前沿的管理理论，建立学习型组织成了以后管理发展的新趋势。学习型组织本身是一种宏观的管理理论，其适用的范围非常广泛。它不仅可以用于企业管理，也适应于国家、城市、学校及一切"组织"的管理，并且在多个领域取得了成功的先例。"学习型组织"理论同样可以适应于图书馆管理，美国的亚利桑那大学图书馆和伊利诺伊州的北部郊区图书馆系统就是依据该理论构建的"学习型图书馆"。这种理论应用在图书馆管理的优势主要通过其五项修炼来实现的，具体包括：自我超越、改善心智模式、建立共同愿望、团体学习、系统思考。

（三）图书馆管理建设

1.图书馆管理的内涵

图书馆管理就是通过计划、组织、指挥、协调和控制等活动，最合理地使用图书馆系统的人力、财力、物质资源，使之发挥最大作用，以达到图书馆预期目标，完成图书馆任务的过程。

2.图书馆管理的特点

图书馆管理是一种存在于社会中特殊的实践活动，是人类在进行文献信息资源的搜集、整理、储藏、利用过程中形成的一种管理活动。因此，图书馆管理除了具有一般社会实践活动的共性特征如客观性、能动性和社会历史性等特征，还具有自己特有的特点。

（1）综合性

管理是以研究企事业单位中人的活动规律，用科学的方法改进管理工作，充分调动人的积极性的一种行为。它主要是以人为中心的各种管理行为为对象，发现活动规律，并通过合理地组织和配置人、财、物等因素，提高企事业单位中的工作效率，调动人的积极性最终达到提高生产力的水平的目的。而图书馆服务工作的主体是读者，以读者为中心，维护图书馆服务工作的正常运行和发展进步，图书馆的管理者无非是要解决好人与环境、人与人之间各种关系问题。所以说，图书馆管理实质上是围绕管理和服务进行的，是多种综合的结果。

（2）理论性

图书馆管理是一项特殊的管理活动。在管理的实际运行中，可以借鉴多种基础理论的研究成果，如管理学、图书馆学、情报学、经济学、心理学等一系列学科。这些学科的某些优秀成果与图书馆管理相结合，并具体运用到管理的实际运行中去，使图书馆的管理以深厚的理论为基础，以便能更好地推动图书馆事业的发展，提高图书馆在人类社会进步中的地位和作用。

（3）科学性

图书馆管理是一项具有科学性的活动，从图书馆产生之初，人类就知道采用一些方法以便更方便地查找文献信息。因此，在图书馆管理的过程中，人们发现了很多的方法管理和利用文献信息资源，这些方法逐渐形成了图书馆管理工作的规定，有些甚至上升成标准和法律。因此，图书馆管理是项具有科学性的活动。

（4）组织性

随着图书馆事业的发展，图书馆已经逐渐形成了规模化，图书馆管理活动也复杂起来。管理活动中涉及的各种资源也越来越多，人力、物力、财力、文献信息等因素交织起来影响着图书馆的管理活动运行。对这些资源的管理的好坏直接影响着图书馆的正常运行，所以在图书馆管理中要有计划、有目的地去进行管理，图书馆管理是一项系统地有组织的管理活动。

（5）动态性

管理活动的本身就是要在不断变化的环境中进行。为了应对不同的读者需求图书馆管理要变化，为了文献信息的形式改变管理要变化，为了随时改变的社会环境管理活动也要变化。所以，图书馆管理是一项要随着服务对象、工作环境和社会环境等因素变动而进行改变的活动。只有跟上时代的变化，随时适应影响图书馆发展的各项因素，才能使图书馆符合社会发展的需求，不被时代所遗弃。

（6）协调性

图书馆管理涉及图书馆各项业务活动和行政管理活动等方方面面具体的活动。这些具体活动直接影响着图书馆管理能否正确、正常和有序地进行。图书馆管理就是要使这些具有关联性的各种业务活动和行政管理活动中的人际关系、利益关系处于一种和谐、平衡的状态，消除管理活动中的各项不利因素，从而减少内耗、降低摩擦，发挥组织的协同作用，使图书馆有限的人力资源、信息资源发挥出最大的效用。

3.现代图书馆管理环境

图书馆管理环境是指可能对图书馆行为和管理活动产生直接或间接影响的各种因素的总和。根据各种因素对图书馆管理的影响程度不同，可以将环境分为图书馆管理的外部环境和内部环境。图书馆管理就是要了解这些因素变化的情况，及时掌握环境变化的信息，以进行正确的决策。

（1）图书馆管理的外部环境

①一般环境

一般环境是图书馆管理的外部环境之一，又称为宏观环境，是指对图书馆管理活动产生影响，但其影响的相关性不强或间接相关的一些因素。这些因素对图书馆的影响虽然不是直接的，但有可能对图书馆产生某种重大的影响。具体包括。

政治环境，政治环境的稳定是图书馆发展的基础因素，国家对图书馆的重视程度直接决定着国家对图书馆的宏观调控政策、财政对图书馆的支持和图书馆管理的对外交流情况。经济环境，指的是包括社会经济结构、经济发展水平、经济体制和宏观经济政策等几个方面，它们构成图书馆生存和发展的社会经济状况及国家经济政策。

法律环境，指的是与图书馆相关的社会法制系统及其运行状态。当前，越来越多的国家将图书馆和图书馆管理纳入法治化管理渠道，为图书馆的发展提供了稳定发展的基础和保证，我国目前的图书馆和图书馆管理还没有上升到法律层面，有必要向此方向发展。

科技环境，是指图书馆所处的社会环境中的科技要素及与该要素直接相关的各种社会现象的集合，包括社会科技水平、社会科技力量、国家科技体制、国家科技政策等。科技环境对图书馆的影响巨大，现代图书馆的快速发展与科技发展密切相关，所以关注科技环境有利于图书馆的发展。

社会文化环境，包括一个国家或地区的人口、家族文化教育、传统风俗及人的道德和价值观念等。这些因素影响着图书馆的数量、文献信息资源的收集方向以及图书馆的服务对象等方面。

②特殊环境

又称微观环境或任务环境。是指对图书馆的组织目标实现产生直接影响的外部环境因素。与一般环境因素相比，这些因素对图书馆的影响更频繁、更直接。包括：读者或用户，是指利用图书馆文献信息资源的人群，是图书馆服务的对象，是图书馆存在的必要条件，对图书馆的影响是起着决定性作用。

文献信息资源的供应者，包括出版社、图书馆经销商、数据库的开发者和经营者、信息设备的开发和生产，当然也包括各种信息、技术和服务等。这些供应者提供的产品或服务的数量、质量和价格直接影响着图书馆的文献信息资源的保藏程度、水平和服务的质量。

图书馆的竞争者和合作者。网络信息服务使图书馆的发展面临着巨大的困难，它的方便、灵活、丰富性影响着传统图书馆的管理，为此，图书馆的管理要向网络信息服务的管理模式借鉴，以及调整自身的战略目标。同时，与网络信息服务合作，发展自身特色的网络信息服务平台，促进自身发展。

业务主管部门，多数类型的图书馆，都是受一定部门的领导。与这些部门的良好沟通，是保证图书馆朝着既定目标前进的基础之一。

以上这些环境因素构成了图书馆管理的外部环境。外部环境的不确定性和复杂性使图书馆在存在和发展过程中要不断密切关注这些因素的变化、建立一定的缓冲机制和弹性机制以适应这些因素的影响，并加强自身对外部环境的控制，努力调适图书馆管理使外部环境对图书馆的负面影响降至最低。

（2）图书馆管理的内部环境

图书馆管理的内部环境一般包括图书馆文化（图书馆内部气氛）和图书馆的基础条件两部分。

①图书馆文化

图书馆文化是处于一定经济、社会、文化背景下的图书馆，在长期的发展过程中逐步生成和发展起来的日趋稳定独特的价值观，以及以此为核心而形成的行为规范、道德规则、群体意识、风俗习惯等。一般可分为三个结构层次，即：表层文化——物质文化层，包括馆舍馆貌、工作条件、工作设施配备情况等是图书馆内层文化的物质体现和外在表现；中层文化——制度文化层，是指对馆员和图书馆自身行为产生规范性、约束性影响的部分，主要包括工作制度、责任制度和其他特殊制度等，这些是图书馆物质文化和精神文化的中介；内层文化——精神文化层，包括用于指导图书馆开展读者服务活动的各种行为规范、价值标准、职业道德、精神风貌及馆员意识等。

②图书馆的基础条件

图书馆的基础条件是指图书馆所拥有的各种资源的数量和质量情况，包括人员素质、文献信息资源的储备情况、科研能力等。

这些因素与其他因素一样，影响图书馆的目标的制定与实现，而且还直接影响图书馆管理者的管理行为。

4.图书馆管理的职能

图书馆管理的职能指的是管理在图书馆的业务、政务管理和职工生活管理过程中所发挥作用，是管理职能在图书馆的具体执行和体现。

（1）决策职能

决策是行动的先导，是最重要的管理职能。一般说来，这项职能是图书馆领导机关的主要功能。当然，为了在图书馆管理的过程中最大限度和最有效地发挥决策职能，还应该实现管理决策的科学化、民主化，还必须建立健全民主决策制度，注重信息的公开化。因为决策不仅仅是方案的一次性选择，实际上行政决策贯穿于图书馆管理过程的始终，管理的其他各项职能都离不开决策活动，整个管理实际上是一系列决策的总汇。可以说，管理就是决策。

（2）计划职能

计划职能是指图书馆各个部门为了实现既定的行政决策目标，对整体目标进行科学分解和测算，并筹划必要的人力、物力，拟定具体实施的步骤、方法以及相应的政策、策略等一系列管理活动。具体包括计划的制订、计划的执行和计划的检查监督等环节。其目的是使图书馆的各项工作能够有计划、有步骤、有方法地进行，以杜绝领导工作的随意性，避免对图书馆管理的消极影响。

（3）组织职能

图书馆管理组织职能的目标就是具体落实和实现决策和计划，是实现管理目标和管理效能的关键性职能。组织职能具体包括对图书馆各种工作机构的设置、调整和有效运转；各机构职权的合理划分；对全馆工作人员的选拔、调配、培训和考核；对资金、固定资产和其他物品的安排和有效利用；对执行活动中的各项具体工作进行的督促、检查和指导等。

（4）协调职能

图书馆管理中的协调职能，是指对图书馆行政部门、业务部门以及全体工作人员之间的各种工作关系进行调整和改善，使它们按照分工协作的原则，互相支持、密切配合，步调一致，共同完成本馆内预定的任务和工作。现代图书馆管理，是专业化协作的管理，没有协调要达到共同目标是不可能的。因此，协调是管理运行过程中的一项职能，具体内容包括：协调行政管理机构之间，业务管理机构之间，行政管理和业务管理机构之间，工作人员之间、工作人员与行政管理部门、业务管理部门之间，与本单位之外的政府、企事业和其他组织之间的关系。

（5）控制职能

控制职能是指管理按照行政计划标准，衡量计划完成情况并纠正计划执行中的偏差，以确保计划目标的实现。图书馆管理的控制职能贯穿于行政管理的各个方面和全过程。做好控制职能一般要注意以下几个方面：第一，确立控制标准，使各项工作有可衡量的指标，以采取正确的纠正措施；第二，对管理行为的偏差进行检查和预测，对图书馆管理工作的实际结果与质量标准监测，获取管理工作的偏差信息，为下一步采取控制措施提供依据；第三，采取相关措施对图书馆管理工作的行为和过程进行调节，即判断管理行为偏差的性质和层次，确定偏差的程度和范围，找出产生的全部原因，制定相应具体的纠正措施；第四，实行有效的监督，即根据行政目标、计划和控制标准，监察、督导行政过程的正常发展和行政系统的有序运转。

总之，图书馆管理的职能是图书馆各个机构设置和改革的重要依据，也是管理运行的必需环节，科学地认识、确定管理各方面、各阶段的职能和保持它们之间的有机的联系，并适应环境和形势的变化及时地转变职能，对有效地进行图书馆管理，具有十分重要的意义。

第二节　公共图书馆管理实践

一、图书馆行政管理

（一）图书馆行政管理的定义

我们知道"管理"一词的历史与行政相比，显得更加久远，范围也更加广泛。可以说，人类社会的管理现象与人类社会是同时产生的，只要存在着两个以上的个人或两个以上群体的共同活动，就有了管理活动。而"行政"一词在中国最早可以追溯到2000多年前的《左传》中的"行其政事""行其政令"。《史记周本纪》首次把"行政"连用，其意思就是指对国家政务的管理。"行政"一词在西方社会也可以追溯到古希腊时代，亚里士多德就使用过"行政"一词。现代英语Administration，即行政，按国际通用的《社会科学大辞典》的解释：行政指的就是国家事务的管理。这种起源于原始氏族和部落公共事务的管理，随着阶级和国家的产生而产生，并随着阶级和国家的变化发展而变化发展。因此，作为管理的一种形式，结合行政的具体含义，人们将行政又称为行政管理。在当前社会，行政管理的概念已经大为扩展，其含义也有了本质的不同。

目前，对于行政管理概念的理解存在着一些分歧，主要有以下三种观点：一是狭义的行政管理。从国家"三权分立"的角度理解行政管理，认为行政管理是国家行政组织即政府系统依法对国家事务和社会公共事务进行管理，是国家行政权力的运用。二是广义的行政管理。这种观点从整个国家管理的角度理解行政管理，认为行政管理的范围应该包括整个国家的管理活动，即凡属国家机关的活动都是行政管理活动。三是最广义的行政管理观点。认为行政管理不仅包括一切国家机关的管理活动，而且包括企业、事业单位和群众团体管理活动。

图书馆的管理工作按不同的工作内容可以分为业务管理和行政管理。其行政管理工作指的就是图书馆的管理者，按照本单位的工作特点和工作性质，通过计划、组织、决策、指挥、控制、协调等一系列行为，使图书馆的人力、财力、物力、时间等资源合理地得到利用，以帮助完成图书馆工作最终要求达到的目的。图书馆行政管理作为图书馆管理工作的重要组成部分，承担着图书馆建设中的辅助作用，为图书馆业务发展和读者管理提供有效地保证。

（二）图书馆行政管理的基本原则

图书馆行政管理的原则是行政管理本质的反映，其实际内容和具体地表现形式，是决定行政管理工作如何进行、怎样进行的基本准则。

1.服务性原则

图书馆行政管理的服务性原则指的就是行政管理工作是为本单位的各项基础业务管理提供服务的，既包括工作人员需要，也包括广大读者的需求。服务性原则，不仅贯穿于行政管理过程的始终，而且贯穿于行政管理的各个领域和各个环节。

2.效率原则

所谓效率原则在图书馆行政管理中的运用指的就是用最少的行政投入（包括人、财、物等），获得最大的行政产出（包括社会效益、经济效益等）。具体应该从以下几个方面着手。

第一，建立高效率的行政组织机构。

第二，建立和健全行之有效的行政工作程序。

第三，健全岗位工作责任制。

3.整体原则

图书馆行政管理工作是一个多方面、多层次、多环节相互依赖、相互作用的有机整体。一方面，行政管理工作对图书馆基础业务具有辅助作用。为图书馆业务管理提供财力、物力的支持。另一方面，行政管理工作又决定着图书馆的发展方向，所以要求行政管理部门要积极与业务管理部门互相沟通，使行政信息协调、统一地在各部门之间运行，使业务部门与行政管理部门形成一个相互促进的整体，实现图书馆管理的目标。

（三）图书馆行政管理的组织结构

1.图书馆行政管理组织结构设置的必要性

图书馆的行政管理组织也是图书馆开展本单位管理活动的基础。依靠行政管理组织图书馆工作人员可以在本单位这个框架内进行交往互动，满足各种工作需求，实现图书馆业务的正常进行。图书馆行政管理组织是一种有着相对明确的边界、规范的秩序、权威层级、沟通系统及成员协调的集合体，这一集合体具有一定结构性，其从事的活动往往与多种目标相关，其活动对图书馆工作人员、图书馆本身以及外部社会环境都产生一定的影响。

2.图书馆行政管理组织结构设置的原则

在现代化图书馆的行政管理中合理的行政组织结构是各项基础业务的客观要求，这就要求图书馆行政管理组织结构设置时应遵循以下一些原则。

（1）权责对等原则

图书馆行政管理职责是本组织成员在一定职位上应该担负的责任。而其职权则是为了担负责任所应该具有的权力，组织中的每一个职位之间的任职者都具有相应的权力并承担相应的责任。由于权力、责任和职位之间的相关性，因而人们往往把职位上的责任和权力简称为职权、职责。为了能够使行政管理人员完成其职责，要求在组织结构设置时要注意权责对等。

（2）统一指挥原则

图书馆内部的部门和职位之间的地位并不平等，而是具有层次结构的，这就产生了上级如何指挥下级的问题。因此，在图书馆的行政管理中要求贯彻统一指挥的原则。

（3）高效精干原则

图书馆的行政管理组织设置要把高效精干原则放在首要位置上，力求减少管理层次，精简管理机构和人员、充分发挥组织成员的积极性，提高管理效率，在保证行政管理职能的基础上，要更好地实现本单位的工作目标。

（4）分工协作原则

图书馆组织设计要确保组织内既有合理的分工，又要在分工的基础上保持必要的协作。由于组织机构之间的分工不能过细，以避免机构增多、浪费人力资源以及部门之间责任不清和职能交叉等情况。所以应根据组织的具体情况从各项管理职能的业务性质出发，在行政管理的组织内部进行合理的分工，划清职责范围，提高管理专业化程度，以达到提高工作效率的目的，并且加强协作、相互配合。

3.图书馆行政管理组织结构模式

职能型组织结构是图书馆行政管理组织在自身的发展过程中形成的结构模式。这种结构是在馆长统一领导下，按照各项工作职能分工设置图书馆的若干部门，每个职能部门直接对其上级领导负责，并在其职能范围内对本部门的员工有指挥、协调、监督等控制权力。

职能型组织结构的优点是，各级管理者分工明确，可以充分利用本部门的资源，有效地处理比较复杂的问题。对提高馆员的积极性、主动性和创造性具有良好的效果。同时，职能型结构还可以减轻上级领导的工作负担，使其能更好地处理重大问题。但是这种组织结构的缺点是，容易造成多重领导，出现政出多门的现象，各部门容易从各自的利益出发，造成互相推诿的情况，进而影响统一指挥、增加了协调的困难。这种情况下，就需要较高层次的领导在进行管理的过程中关注大局，从图书馆的整体发展出发，避免各自为政的出现。

二、图书馆人力资源管理

行政管理无非就是对人的管理。图书馆人力资源管理的任务就是确保图书馆在适当的时间获得适当的人员（包括数量、质量、层次和结构等），实现人力资源的最佳配置，使图书馆和馆员双方的需要都能得到满足。所以人力资源的管理部门作为图书馆行政管理的基础部门之一，承担着对馆内工作人员的规划和选拔、培训和开发，保留和激励，评价和考核工作。我们知道，有效的人力资源管理，有助于管理者成功地实施组织战略。图书馆的人力资源管理应以确认、发展、激励和评价与组织的目标一致的活动为着眼点，着重发挥馆员的创造力和构建学习和创新的工作环境，从而创造和激励一支成功的图书馆工作人员队伍。

（一）馆内人力资源的规划工作

人力资源的规划目的是保证实现单位的各种目标，并有助于改善人力资源的配置，降低用人成本，同时谋求人力资源使用的平衡，谋求人力资源科学有效地开发。图书馆人力资源规划指的是为了达到本单位的战略目标与战术目标，根据馆内当前的人力资源状况，为了满足未来一段时间内组织的人力资源质量和数量方面的需要，而作出的决定引进、保持、提高、流出人力资源的工作安排。当然，在制订人力资源规划时要充分考虑图书馆内外环境的变化，注意图书馆的战略与馆员规划的衔接和必须是以图书馆发展为前提。

图书馆工作人员按工作岗位划分，可分为行政管理人员、业务管理人员和后勤人员。其中行政管理人员和业务管理人员是图书馆工作人员的主体。行政人员主要负责图书馆内部事务的管理和对外事务的沟通，而业务人员主要负责图书馆的各项特色业务，但无论是行政人员还是业务人员的工作内容、职位安排都需要根据图书馆的战略计划进行、特色发展设计，以满足图书馆的未来发展的远景规划。因此，人力资源管理部门要根据馆内人事的需求，通过人事决策、工作设计和职位优化组合，加强有特色的馆员配置，制定相应的政策体系，及时发布人事信息，以便在不断变化的图书馆工作中有效地管理好本馆的人员，使图书馆最活跃的因素一馆员，最大限度地发挥作用。

（二）馆员的招聘

在图书馆人事管理中，聘用合适的人员尤显重要。一方面保证聘用到优秀的组织成员，能够胜任工作，做到人尽其职；另一方面，优秀的馆员能满足本单位的工作需求，从而使职得其人，有利于图书馆的发展。因此，聘用是人力资源管理系统工作中的首要功能，是图书馆补充人员的主要渠道，也是获得最佳人选的好办法。通过对招聘的有效规划，使馆员队伍拥有更高的知识、技能和能力。

（三）馆员的培训与再教育

对图书馆来说，馆员培训开发具有十分显著的作用。图书馆是一个以提供信息服务为主的组织机构，而当今社会又是信息社会，信息更新之快，让人目不暇接，加之信息技术的不断发展，计算机技术、多媒体技术、网络技术等被大量引入图书馆，使图书馆的资源结构、信息处理技术、服务项目和手段都已经发生巨大变化。如何保持在这种信息高速发展、变化的时代保证图书馆的发展，是图书馆在发展过程中遇到的一项困难，而馆员的再教育和培训开发是解决这个困难的关键因素。教育和培训目的就是为了提高馆员的知识水平，通过补充和提高馆员的专业技能，帮助馆员发展相互沟通、配合的能力。因为，只有加强在职人员的知识更新，不断提高馆员的专业素质和修养，才能使其与图书馆事业同步发展，并跟上信息时代的变化。同时，根据馆员知识更新的情况，考察他们的业务水平，继而对其进行评议，做到择优选拔。

（四）馆员职业生涯规划和设计

图书馆的工作人员在自己完整的职业生涯中，有安全性、挑战性和自我发展的需要。人力资源管理部门要善于有效地把图书馆的工作目标与馆员个人的职业发展目标结合起来，关注馆员的职业愿望、职业价值、职业感知和对职业经历的有效反应，努力为他们确定一条可依循、可感知、充满成就感的职业发展道路。通过本单位的职业发展规划、晋升计划等达到保留和促进馆员自我发展的目的，以提高图书馆业务水平。

（五）馆员激励

图书馆行政管理的目的，就是要充分利用馆内所拥有的资源，使图书馆处于高效运转的状态。图书馆所拥有的资源，无非就是人、财、物和信息四大类，但人才是这四类资源中最重要的资源，其余三种资源都需要人来操作，才能发挥其功能。所以图书馆人力资源管理要注重馆员激励措施的运用，提高馆员的工作热情。这里可以将激励理解为创设满足馆员工作、生活的各种条件，用于激发馆员的积极性，使之产生实现图书馆工作目标的特定行为的过程。主要包括以下几种激励措施。

1.物质激励

通过正负激励手段，即发放奖金、津贴、福利、罚款等调动馆员以期大家多做贡献。但奖罚措施要公之于众，形成制度稳定下来，在实践过程中要力求公正，不搞"平均主义"。

2.精神激励

精神激励属于在较高层次上调动职工的工作积极性，较之物质激励，精神激励能在更大程度和更长时间里起到刺激效果。

3.情感激励

情感激励指的就是加强与馆员的感情沟通，尊重馆员，使馆员始终保持着良好的情绪以激发职工的工作热情。这会使得馆员在良好的心态下拓宽思路，从而快速解决所遇到的工作问题。可以看出，情感激励是一种动机激发功能。具有创造良好的工作环境，加强管理者与馆员之间以及馆员之间的沟通与协调的作用，是情感激励的有效方式。

4.发展性激励

发展性激励就是图书馆为馆员创造学习与成长的机会，包括设置挑战性的工作任务、提供更多的学习与培训的机会、合适的轮岗安排、职业生涯设计与使用等。其中，职业生涯发展体系通过为馆员构建职业开发与职业发展轨道，最大限度地开发个人的潜能并充分发挥其潜力，使之与馆员的职业需求相匹配、相协调、相融合，使图书馆的发展与馆员的需求达到最佳的结合，最后达到满足馆员和图书馆的需要，获得双赢的结果。因此，职业生涯发展成为发展性激励的主要内容。

三、图书馆财务管理

（一）图书馆财务管理概述

行政管理体系中除了对人的管理以外，另一项重要的管理对象就是对钱和物的管理。众所周知，在现今这个高度组织化的社会，无论是从事社会管理的政府，还是从事营利活动的企业，甚至一个家庭都离不开人力、物力、资金等要素的运转和支撑。当然，企业等以营利为目的的机构组织中，追求利润最大化是其终极目标，它代表了企业等组织努力实现的最终结果。而图书馆作为一个为社会提供信息服务的非营利性公共组织，其业务活动的目的不是追求利润，而是为社会提供一种公益性服务，其所拥有的财务资源只是实现最终目的的手段，利润本身并不是图书馆的最终目标。但即使这样，图书馆的财务资源管理仍然是图书馆行政管理工作中的一项重要内容。如何加强图书馆资金的管理、扩大图书馆资金来源的渠道、严格控制各项费用的支出、合理安排资金计划，从而使图书馆资金预算计划顺利完成，是保证图书馆正常运行的物质基础。因此，所谓图书馆的财务管理就是在日常管理中遵循资金运转的客观规律，对图书馆的财务活动及其所体现的财务关系进行有效的管理。这里的财务管理活动包括资金的筹措和分配、制定财务计划和预算、设立专门的财务管理组织、实施财务计划和预算、进行财务监督的全过程。其目标就是控制图书馆的经济活动，提高经费使用的经济效益，维持图书馆良好的财务状况，为图书馆基础服务工作提供物质保证。

（二）图书馆运转资金的筹措

图书馆作为非营利的公益性服务组织，其运转资金主要依靠政府的投资。即使是大学图书馆的运转资金表面上看来源于学校的经费预算，但究其根源同样是来自政府对教育的投资。所以，图书馆的发展在很大程度上由国家财政投入的程度决定。当前，我国各种类型的图书馆都存在着经费紧张的现象，从而极大影响了图书馆的信息服务质量。如何在现有情况下，扩大图书馆运转资金的来源，又能保持图书馆作为非营利组织的公益性，这就要求在图书馆发展中，扮演幕后角色的财务管理发挥其应有作用，在资金筹措中为图书馆开辟新的途径，找到新的方法。继续加强政府对图书馆工作的重视，提高政府对图书馆的投资力度。不断地强化政府对图书馆作用的重视，使政府认识到图书馆在现代文化生活中的作用和价值。

加大图书馆宣传力度，吸收各方捐赠。捐赠一直以来就是图书馆获得物质资助的一种方式，主要以捐赠图书、期刊为主，金钱性质的捐赠并不是主流形式。图书馆如果想吸收各方的捐赠就要有计划和目的地向这几种类型的捐赠者进行自我宣传，宣传方式可以灵活多样，但态度要真诚，对吸收的捐赠的管理要公开、透明。

（三）财务预算管理

由于资金的有限性和支出需求的无限性，使得图书馆资金在分配过程中要在可能的支出目标之间进行选择，找出优先的支出重点，这对本单位的资金分配具有重要意义。因此，财务预算管理在图书馆财务管理中是一项重要工作内容。所谓财务预算管理指的就是图书馆对一定期间内取得及使用资金的计划。通过对预算资金的筹措、分配、使用所进行的计划、领导、组织、控制、协调、监督等活动。其目的是完成预算收支任务，提高资金的使用效率，控制财务风险损失，更好地履行自己的职能，优质高效地完成图书馆的任务。

图书馆的财务预算是一种权利规制管理，体现了以政府为主要出资者的管理者对资金获得者的权利授予与约束。尤其是图书馆作为非营利性的公益组织，其资金来源于国家财政拨款，为了更好地履行自己的职能，优质高效地完成图书馆的任务，图书馆应该接受国家、政府以及公众对自己的资金约束和监督。管理者应该认识到财务预算不等于一个简单的财务预测或计划，而是作为一部内部"宪法"，在图书馆中贯彻执行。

财务预算的关键在于预算编制，对于图书馆的预算编制来说，第一，需要根据图书馆的发展需要，确定具体的资金分配方案，要具体化、数量化；第二，应该综合、全面地考虑和分析图书馆发展中的可能变化，并以货币计划的形式具体、详细地反映出来；第三，坚持综合平衡收支、略有结余，尽量避免预算赤字；第四，应量入为出，根据财务具体情况安排支出。

第六章　公共图书馆文献资源建设

文献资源建设是图书馆重要的基础工作，是图书馆赖以生存和发展的物质基础，是图书馆发挥多种功能的前提。当前，随着文献资源载体种类的多样化，已经形成了纸质文献、缩微文献、声像文献、电子文献以及网上虚拟馆藏信息共存的格局。此外，文献信息内容逐渐呈现出综合性的趋势，学科的划分更加细，同时由于计算机网络技术和现代通信技术的应用，使得信息传播方式变得更为快捷方便，信息全球化、网络化、智能化以及接收定向化，使资源共享不再是纸上谈兵。人类社会的这种变化，为公共图书馆文献资源建设提供了广阔的思维和实践空间。作为文献采访部工作人员，应充分认识文献资源建设工作的重要性，不断更新文献资源建设理念，提高图书馆文献资源建设水平。

第一节　加强公共图书馆文献资源建设

一、加强公共图书馆文献资源建设的途径

（一）以人为本，是完善公共图书馆文献资源的核心

随着社会的进步，计算机网络技术的发展，信息化程度的加深，公共图书馆收藏的文献资源内容在增加，形式在变化，范围在扩大。文献资源建设已由以前单纯的文献资源建设发展为文献资源建设、数据库建设和网络信息资源的开发与组织等。公共图书馆文献资源建设是读者服务的基础，完善、充实、优化公共图书馆文献资源的馆藏结构，是公共图书馆可持续发展的保障，也是为读者服务的一项重要内容。构建科学合理的文献资源结构，必须坚持以人为本。在公共图书馆文献资源建设中落实以人为本，包括满足读者需要和培养文献采访人才。

（二）重视传统印刷型文献的收藏

印刷型文献在保护和继承前人知识成果方面，具有其他类型文献载体不可比拟的优势，具有较高的权威性，编辑出版、发行系统完备，科学价值和学术水平有保证，是读者尤其是学术科研人员的主要信息来源。同时，印刷型文献经济实用、便于携带、直观性强，随时随地可获取。因此，目前公共图书馆的文献收藏结构从载体类型上看仍以印刷型文献为主。尽管受到其他载体类型文献的影响，但利用率仍然要高于其他载体文献。

从远期来看，印刷型文献资源建设仍是公共图书馆的建设重点。因此，公共图书馆应在馆藏文献建设中坚持稳定性和科学性，精心选择印刷文献的品种，保证读者利用率比较高的印刷文献的种数和复本量，满足广大读者的借阅需求。对流通率极低和呆滞的书刊要进行适当整理，或密集存放，或进行剔旧。同时，要了解图书出版动态，关注每一个时期社会政治、经济发展变化及读者对文献资料的需求变化。只有这样，才能满足读者借阅需要。

（三）加强电子文献馆藏资源的建设

电子图书已经成为越来越多公共图书馆馆藏资源不可或缺的一部分。电子文献在很多方面都优于纸质文献，越来越多的读者已经逐步认识到利用数字文献的简洁与高效，数字文献的使用率也正在逐渐提高。同时，电子图书所特有的价格低廉等特性也能够使图书馆以较少的经费来获取充分的资源保障。由于阅读电子图书必须使用电脑或电子阅读设备，所以使用电子图书的读者主要集中于 30 岁以下的读者群体，即较为年轻的一代。电子图书作为一种新型的馆藏文献类型，与传统印刷型馆藏图书之间的关系应该是互为补充、互为依托、互为支持的关系，电子图书应起到对传统馆藏图书进行完善和补充的作用。两种不同载体的馆藏文献形成一个统一的整体，更加有利于满足读者的阅读需求。

（四）重点建设地方特色文献资源

由于地方文献资源能全面地、系统地、历史地反映本地区的政治、经济、文化、历史、名人、旅游等方面的特征，为研究当地的经济文化建设提供参考。因此，公共图书馆要尽可能系统地、全面地收集涉及当地历史文化、社会经济发展的一切文献资源，包括地方志、地方史、论著、地方档案、地方报刊、地方丛书、地方年鉴、地方百科全书、地方人事碑志、地方图录、地方音像资料、地方文献书目等地方文献资源的建设工作。

对于地方文献资源建设一定要做到"人无我有，人有我优"，只有这样才能显现其收藏的价值。随着地方文献总量的不断增加和图书馆资金的匮乏，要想对本地区内的地方文献全部收集比较困难。因此，公共图书馆要借助于宏观调控的手段，使各系统、各单位、各部门把自身的地方文献资源建设纳入本地区范围内的地方文献资源建设的大系统之中，实行统筹规划，协调管理，共同建设本地区的特色文献。

二、公共图书馆文献资源建设需注意的事项

（一）公共图书馆文献资源建设的区域间协同

如上所述，公共图书馆文献资源建设在网络环境下需要采取满足基本需求加特色发展的方式。这意味着除特色领域文献建设能做到深入、全面以外，其他领域的文献资源只停留在满足基本需求的层面。要解决这一问题，可以采用区域协同的方式，即不同的馆去建设不同的特色领域，合起来能够覆盖各类学科。

首先，在文献资源建设之前需要建立一个协同规划的机制，避免重复建设，浪费宝贵的资源。其次，在建设完成后需要建立一个信息发布机制，让用户群体能够及时了解各馆的文献建设规划原则、特色，提高文献的利用率。再次，形成各馆定期交流机制，交流各自在特色领域建设的经验，同时可以检查初期规划中的学科分工是否交叉，是否有需要填补的空白，等等。

这一方面的建设可在现有图书馆共建共享网络或系统中推行，如中国高等教育文献保证系统（CALIS）、国家科技文献资源网络服务系统、全国医学图书馆资源共建共享网络、上海市文献资源共建共享协作网和浙江地区数字化文献资源共享网，等等。我国还应进一步推进地区性图书馆联盟的建设，形成文献资源区域间协同建设的新局面。如德国目前有6个地区性图书馆网络，分别是柏林暨勃兰登堡合作图书馆网络、共同图书馆网络、北莱茵—威斯特伐利亚图书馆服务中心、黑森州图书馆信息系统、巴伐利亚州图书馆网络、巴登—符腾堡图书馆服务中心，覆盖了德国不同的地域。

（二）公共图书馆特色领域文献资源建设中专业性的问题

首先，公共图书馆在进行特色文献建设的同时，意味着放弃大而全的方式，在保证满足用户群体基本需求的同时，可以适当抽调其他领域的人员和资源，集中到特色领域重点建设。

其次，可以建立专家库以增强特色领域建设的经验和能力。公共图书馆中的特色资源，经过宣传，必然会吸引此领域中的专家学者成为图书馆的用户。因此，建立专家用户库，通过专家在使用过程中的反馈，或者通过有偿指导吸取专家的意见，提高文献建设的水平。同时，公共图书馆特色领域文献建设水平的提高又可以带动更多此领域专家利用图书馆的服务。通过这样一个良性地循环，公共图书馆的特色领域文献建设可以达到一个较高的水平。

再次，公共图书馆在特色领域文献建设达到一定水平以后，可以与高校或研究机构合作，承接一定的服务项目，通过实践活动来检验文献建设的效果，发现文献建设中的不足，同时可以扩大文献建设的社会效益。

（三）公共图书馆文献资源建设中满足用户基本需求的问题

首先，如果在非特色领域只提供给用户群体最基本的文献资源，必然需要对用户在这些领域的专业性需求进行引导，即建立一套能够指导用户获取该馆非特色领域信息的引导系统，指引用户获取所需信息的方式和渠道。在相互合作的图书馆组织内，各馆有明确的专业分工，那么这些专业分工的状态、馆藏的情况需要向组织内的每个馆的用户开放。

其次，在当前信息急剧膨胀的时代，如何定义用户基本的需求，从而提供恰当的文献资源并非简单。需要向用户明确图书馆文献建设的规划和宗旨，然后与用户建立良性互动，对用户的需求进行排序和梳理，通过统计数据分析及专家建议的方式建立最有效的文献资源。

第二节　公共图书馆文献资源建设的原则

公共图书馆要努力探索新形式下文献资源建设模式，建立起具有地域性、特色化的科学的文献资源体系，保证其能满足大众的阅读需求，保证其能真正地为地方经济文化发展提供高质优效的信息服务，在具体实践中把握好以下原则是做好文献资源建设工作的关键。

一、文献资源建设的六项基本原则

（一）实用性原则

是指文献资源建设必须符合公共图书馆实际使用的需要。采集和收藏文献资料不是为收藏而收藏，而是为使用而收藏。只有符合实际需要，使其在教学、科研、生产实践中发挥作用，所收藏的文献资料才有作用、有意义。

（二）目的性原则

图书馆有各种不同的类型，由于它们各自的性质任务不同，服务对象不同，地方特点各异，因而收藏文献资料的范围和重点也就不同。文献资源建设必须有明确的目的性，防止盲目滥购。

（三）计划性原则

制定文献采集计划是搞好文献资源建设的重要环节。公共图书馆要在年终根据本馆读者的变化、科研发展情况等制定出新一年的文献采集计划，并在实际工作中认真贯彻实施。

（四）　系统性原则

系统性又称连贯性，它有两层意思：一是指重点文献的系统完整；二是指全馆文献的相互联系，有比例，成体系。文献收藏的系统性和完整性是长期收集、系统积累而成的。系统性原则是建立高质量文献收藏体系的关键。

（五）　分工协调原则

图书馆之间资源建设的分工协调是图书馆事业发展的整体性需要，也是文献资源保存和共享的要求。馆与馆之间在文献补充方面既要有明确的分工，又要有紧密的协作，从而有利于合理使用经费，有利于文献资源的合理分配，有利于文献收藏质量的提高，逐步形成各地区、各系统乃至全国的文献收藏体系，促进图书馆事业的发展。分工与协调的原则是资源共享在资源建设中的具体贯彻。

（六）　发展与剔除原则

文献资源建设的发展是指新文献的增长，文献的剔除是指无使用价值的文献的删除。新文献的增长与无使用价值的文献的剔除是文献资源建设发展过程中相互联系的两个方面。只有不断地充实新文献，文献收藏体系才具有生命力；只有不断地剔除过时的文献，文献资源建设才能健康地发展，有效地提供给用户使用。发展与剔除的原则，是辩证地对待资源建设，使图书馆文献收藏始终保持活力的关键。

文献资源建设的六项原则是一个互相联系、互相依存、互相作用、不可分割的整体，是图书馆进行文献资源建设的依据，也是文献采购人员进行文献采集必须遵循的准则。违背任何一项原则，都会破坏图书馆藏书建设及其发展规律。

二、文献资源建设的导向原则

公共图书馆在文献资源的建设中，除了六项基本原则，还有六项导向原则，导向原则同样对于公共图书馆的文献资源建设有着重要的作用和影响。

（一）　坚持系统规划性

社会对图书馆提供的信息服务要求愈高，图书馆的文献资源建设愈要立足实际，面向未来，结合本职，合理规划。公共图书馆应对本地社会经济发展状况及趋势、自然环境、人文氛围等多方面因素加以综合分析研究，充分考虑本馆的性质、任务和读者需求，制定既满足读者现实需求、又着眼于本馆长远发展的文献资源建设规划，科学规范并适时调整本馆文献资源收藏的范围、内容、数量、模式以及具体操作方法，确保用有限的资金建立起最优化的文献资源体系，让馆藏文献资源得到更加充分的利用。

（二）重视地域特色性

只有建立起独具特色的馆藏文献资源体系，"人无我有，人有我精"，公共图书馆才能在网络环境下的共享体系中形成优势。根据性质、任务、职能以及服务对象、社会需求特点，公共图书馆要从本地区经济文化建设特点和社会发展整体趋势出发，以满足本地企事业单位、科研文化机构、政府决策机构的信息需求和大众阅读需求为目的，以地方经济文化发展所需的各类信息资料为重点，结合本地文献资源布局，逐步建立起最能反映本馆优势、展示地域个性的高质量的特色文献资源数据库。

（三）遵循分工协作性

当今时代是一个以信息爆炸著称的时代，各种类型出版物的数量每年都在以几何倍数增长，任何一家公共图书馆特别是地市州图书馆都无法收齐收全这些文献，无必要也不可能去追求文献资源的"小而全"，坚持馆际间文献采购分工协作可以保障购书经费的合理利用和文献服务高效益。公共图书馆应积极支持与响应文献资源共建共享，加强馆际间文献资源建设与开发利用的分工协作，互通有无，做到文献资源共知、共建、共享，既扩大本馆可利用资源的范围，使其内涵不断丰富，又提高馆藏文献资源可利用率，使读者外延不断扩大，提高文献资源建设效益。

（四）强调结构多元性

科学技术发展迅猛，文献学科属性相互交叉渗透，新型载体文献出现，图书馆文献采集面临更多选择、更多困难。确保文献建设质量就要根据社会需求的不断提高不断拓宽收藏范围，调整馆藏文献资源结构，增加新型载质的文献。文献资源数字化极大地方便了读者检索和获取文献信息，是社会信息发展的必然要求，是实现图书馆资源共建共享的基础和前提。因此，公共图书馆在文献资源建设中要建立印刷型、电子型和网络型文献信息资源等形式并存、内容互补的馆藏结构，按一定比例采集电子型、印刷型和网络型文献资源；同时，要逐步开展馆藏纸质文献资源的数字化建设。

（五）注意更新时效性

要注意掌握科技动态，关注社会时事，保持与时俱进，及时剔除馆藏滞书，根据社会发展补充新的文献资源，对现有馆藏文献资源进行动态维护，建立一个充满活力、形式多样、内涵丰富、合理有效的文献资源体系。

（六） 加强文献资源开发利用

数字时代的图书馆应该是为广大读者提供智能服务的机构，它的价值不仅体现在提供知识使用，当好信息导航员，更应体现在对知识的创新生产。公共图书馆对各种有用的信息资源进行分析整理，重点对各类文献所包含的信息内容进行深入、全面的揭示，包括建立书目数据库、进行多主题词及关键词标引，增加检索途径；编制二三次文献，增加检索深度，不断提高文献资源利用率。总之，随着社会经济的发展，建立结构合理的文献资源数据库必将成为公共图书馆信息服务的核心工作，高质优效的文献资源建设能促进公共图书馆文化服务优势的充分发挥，推动公共图书馆实现资源优势向效益优势的转化。

第二节　公共图书馆文献资源建设的内容

一、公共图书馆文献资源建设的基本内容

其基本内容主要包括以下三个方面：

（1）根据本馆的性质、任务、读者对象、发展方向以及年购书经费指标的实际情况等，制定切实可行的文献资源建设原则、收藏范围、收藏重点和采购标准。并根据需要与可能，制定长远的文献资源建设规划。

（2）根据已确定的本馆文献资源建设原则、范围、标准和计划，通过各种途径，及时、准确地选择和收集必要的文献资料。

（2）加强与本地区、本系统及其他图书馆的相互协作，切实搞好馆际文献协调工作。

三个方面文献资源建设的基本内容是互相关联、相辅相成的，忽视或削弱其中的任何一个方面，都会直接影响收藏的质量。

二、正确处理文献资源建设中的几种关系

公共图书馆的文献是长期积累而成的，文献收藏体系的形成，往往需要长时间的积累才能见效。形成科学的藏书体系，不仅使图书馆具有本馆特色，而且能更有效地为读者服务。要搞好文献资源建设，还要在基本原则的指导下，正确处理好以下几方面的关系：

（一） 重点文献与一般文献的关系

由于具体情况不同，出版物种类的千差万别，任何图书馆都不可能也没有能力对不同的文献等量齐观、兼收并蓄，而必须区别对待，这就有了重点与非重点

之分。重点收藏要求系统、完整、全面、及时。在抓好重点收藏的同时，也要兼顾读者多方面的需要，有选择地补充一般性的藏书，发挥图书馆的多种职能和作用，特别是公共图书馆。重点与非重点，既要看到它们的相对稳定性，又要随时注意他们的相对转化性。

（二）数量和质量的关系

总的来说，要数量、质量并重，在选择文献时，既要强调质的方面，也要注意数量。一个图书馆基本没有数量的藏书，质量也无从谈起，要在保证数量的前提下追求质量。

（三）品种与复本的关系

正确处理品种与复本的关系，是贯彻节约经费、提高收藏质量的重要体现。经费有限，品种和复本之间总是存在一定矛盾。要处理好品种与复本的关系，必须因时、因地、因书、因馆制宜。

（四）当前需要和将来需要的关系满足

当前需要，是图书馆为读者服务义不容辞的职责。但事业总是发展的，而文献资料总有一个积累过程，不能临渴掘井，必须有一定的眼光和规划，恰当安排各类文献的比例。

三、公共图书馆外文文献资源建设

外文文献资源是读者了解国外政治经济文化的窗口。新时期公共图书馆外文文献资源建设，对于掌握国际最新科技发展状况和研究成果，及时捕捉现实发展热点问题的信息情报源意义重大。因此，外文文献是公共图书馆文献建设的重要组成部分。就目前而言，公共图书馆外文资源建设在发展过程中，资源利用率始终不高，如何进行新时期公共图书馆外文文献资源建设是当前公共图书馆管理应关注的重要课题。因此，研究新时期公共图书馆外文文献资源建设具有十分重要的现实意义。鉴于此，笔者对新时期公共图书馆外文文献资源建设进行了初步探讨。

（一）关于公共图书馆外文资源建设的概述

公共图书馆外文文献开发应该坚持整理、开发、利用同步进行地原则，在整理开发阶段有步骤地实施对读者的开放。关于公共图书馆外文文献资源建设，下文将从外文文献开发的意义、外文文献开发的方式、外文文献开发的思路三个方向来探讨，其具体内容如下：

1.外文文献开发的意义

（1）保护人类文化遗产

文献是人们获取知识的重要媒介。各个民族、各个时代的文化成果载入文献以后，便能成为全人类的共同精神财富，为后人研究所利用。公共图书馆中发挥文献的这种特殊功能，全面系统地揭示馆藏文献信息，是保护人类文化遗产的重要举措。公共图书馆外文文献资源建设，为读者提供一个检索研究外文文献的平台，可以达到更好地保存人类文化遗产、加强对外文化交流的目的。

（2）促进文献资源共享

文献资源共享是今后图书馆发展趋势，公共图书馆也不例外。公共图书馆外文文献资源建设通过积极整理开发外文文献，建立相应的文献数据库并纳入共享服务网络系统，能够更好地对读者开展目录查询、信息检索、文献传递等网络化外文文献服务，以达到促进文献资源共享的目的。

2.外文文献开发的方式

（1）基础性开发

外文文献的基础开发包括采购、馆藏、分类、编目以及目录、题录、索引、检索等内容。采购外文文献要保持文献的系统性、连续性、时效性，体现和突出馆藏特色。在公共图书馆外文文献资源建设中，采购外文文献时除了保持文献的连续性，还要注意文献类型的多样性，既要购买印刷型的书和期刊，也要购买电子型出版物。

（2）深层次开发

深层次开发包括对外文文献进行简评、综述以及编制专题目录、专题汇编、编译报道等。在公共图书馆外文文献资源建设中，如对外文核心期刊最新科研成果进行专题汇编，对一些重大课题进行信息调研和科研查新服务，利用外文文献进行专题跟踪服务。

（3）数字化开发

数字化开发包括建立书目、题录、索引、专题资料、全文数据库，还可以进一步延伸到建立图像、音频、视频多媒体数据库。公共图书馆外文文献资源建设，应立足于公共图书馆的实际情况，在继承传统图书馆整理开发文献特长的基础上，充分利用计算机、高速扫描仪、刻录机等先进的技术与设备，用数字化技术手段，整理开发外文文献。

3.外文文献开发的思路

（1）合理定位文献选题

对公共图书馆而言，进行外文文献开发，选题是首要任务。各单位图书馆在外文文献开发上各具优势，结合高校和科研单位的外文文献开发商的人才优势，合理定位文献选题，在公共图书馆外文文献资源建设中的作用不容忽视。高校与科研类文献选题，使外文文献的选题与工程技术文献的开发相符。与此同时，在合理定位外文文献开发的同时，最好根据馆藏特色选择社会与人文科学类专题，实施优势定位，把力量集中在强势项目上，形成自己外文文献的优势，以是促进公共图书馆外文文献深层次开发与利用的最佳途径。

（2）招商引资借力而行

外文文献开发也当借力而行。公共图书馆外文文献资源建设，在引资方面，要发挥专家学者在外文文献资源建设中的作用，积极聘请国内外权威机构的著名专家学者做外文文献开发的顾问，为外文文献资源开发提出可操作性的建议，使专家学者的智力资源为外文文献开发提供智力支持。公共图书馆外文文献资源建设中，借助专家学者的理论提高外文文献的资源利用效率，不仅局限在咨询议事方面，还能在国内外进行广泛宣传，扩大馆藏外文文献的影响，并广泛吸收各类研究项目的资金资助，使公共图书馆外文文献资源建设借力而行。

（二）公共图书馆外文文献资源建设的现状分析

当前，公共图书馆外文文献资源建设的现状不容乐观，还存在着诸多有待解决的问题，这些问题严重影响着公共图书馆外文文献资源的有效利用。

下文将对公共图书馆外文文献资源建设存在的问题和影响公共图书馆外文文献建设的因素进一步分析：

1.公共图书馆外文文献资源建设存在的问题

就目前而言，公共图书馆外文文献资源建设还存在着诸多有待解决的问题，这些问题主要表现在资源闲置严重、读者数量少、资源共享不足三个方面。在资源闲置严重方面，无论是传统的外文文献资源，如纸质印刷型的外文图书、外文期刊、外文报纸等，还是以新形态出现的电子、网络资源，如外文电子出版物、外文数据库等，与同类的中文文献资源相比，利用程度相差甚远。大部分外文文献资源犹如"奢侈的摆设品"，处于闲置状态。在读者数量少方面，外文献资源利用率低还表现在读者数量上面。由于语言的限制，能够较好地利用外语资料，尤其是非英语类文献的读者很少。公共图书馆所设的外文阅览室里冷冷清清的情景时常可见。在资源共享不足方面，公共图书馆之间对外文文献资源的共享程度不高，尤其体现在外文数据库的利用上。由于各馆之间缺乏联系，缺少统一的组织和规划，重复购置外文数据库的问题较为突出。

2.影响公共图书馆外文文献资源建设的因素

影响外文文献利用率的因素，主要来自服务主体和服务客体两个方面。从服务主体——公共图书馆方面看，影响公共图书馆外文文献资源建设的因素主要由于"供"与"求"的不对称、知识产权保护力度难以把握、管理、服务方式滞后、工作人员业务素质不高造成的。在服务客体——读者方面，主要是由于外语能力有限、文献检索水平不足、信息意识不足等因素造成的。如上所述，不难看出，公共图书馆外文文献资源利用率情况堪忧。因此，加强公共图书馆外文文献资源建设势在必行。

（三）公共图书馆外文文献资源建设的有效途径

公共图书馆外文文献资源建设，可以有两个方面的途径：一是内控系统层面；二是软件支持层面。

内控系统层面是指公共图书馆通过一系列系统化的机制来保障外文文献资源的有效利用，主要包括读者决策采购机制、知识产权适度保护机制、馆员素质培训机制、管理与服务深化机制、专题推广、服务和研究机制。

软件支持层面是指公共图书馆通过搭建系统和平台等硬件设施来提升外文文献资源的利用率。在软件支持层面，主要是指外语阅读辅助系统、文献检索导引系统、馆际工作共享平台。

1.内控系统层面

读者决策采购机制把读者的阅读需求量化成指标，进而成为图书馆文献采购和馆藏建设的决策依据，有利于从根本上改善文献利用率低下的现状。这种模式尤其适合用于电子文献的采购。知识产权适度保护机制，对保障著作权人利益和使读者对外文文献资源的合理利用不受影响具有双重意义。在建立该机制时，应明确规定保护的上线以及下限，做到保护和利用的和睦平等。管理与服务深化机制，是通过科学合理的管理与服务机制提供深层次的服务内容，强调公共图书馆对外文文献宣传、导读方面的工作，对外文书刊的宣传效果十分显著。馆员素质培训机制是针对公共图书馆的管理人员建立的，通过形式多样、内容丰富的培训机制可以帮助图书馆员不断更新自身知识，优化馆员的现有知识水平，对于引导读者利用外文资源意义重大。此外，专业推广、服务和研究机制，对于公共图书馆的外文文献资源建设也至关重要。

2.软件支持层面

外语阅读辅助系统，图书馆可以在外文资料阅览室里搭建外语阅读辅助系统，按照外文馆藏结构，提供相应语种的在线翻译功能。文献检索导引系统，针对读者缺乏文献检索专业技能的问题，公共图书馆有必要构建一套文献检索导引系统，该系统可采用视频等多媒体技术，培养读者的独立检索能力，从根本上提高他们主动利用外文文献的意识和对外文文献情报信息的获取能力。馆际合作共享平台，是指在公共图书馆外文文献资源建设中，搭建馆际共享平台，这样既可以避免外文文献资源的重复浪费，又可以做到互为补充，统一协调。馆际合作共享平台的应用，能有效满足读者对外文文献的需求。对公共图书馆而言，将各馆的馆藏资源通过联机目录的形式植入该平台，也可供读者检索并开展馆际互借和文献传递服务。

（四）公共图书馆文献资源建设的必要性

网络社会中信息量巨大而丰富，人们对获取信息的时效性、科技性含量要求愈来愈高，图书馆既拥有丰富的印刷型文献资源，同时也受传统管理模式制约。如果不去关注新技术在图书馆的发展应用，不重视馆藏文献资源的优化建设及开发利用，其信息服务职能将越来越被弱化，不能适应社会发展的潮流。

在知识经济时代，拥有信息和知识已成为人们最大的财富。印刷型文献资源仍是大众获取知识信息的重要来源，拥有丰富印刷型文献资源的公共图书馆，利用目前的管理方法和经验仍可在相当长时期内为大众提供较为满意的文化服务。

互联网的快速发展为读者获取信息提供了更多的选择，图书馆不再是读者获取知识信息的唯一选择。图书馆的存在价值也不再仅仅以其拥有的文献资源的规模来衡量，而是面临来自社会可持续发展的挑战。所以，公共图书馆应积极应对这种变化，努力提高文献资源开发利用率和读者信息需求满足率。

总之，随着社会经济的发展，建立结构合理的文献资源数据库必将成为公共图书馆信息服务的核心工作，高质优效的文献资源建设能促进公共图书馆文化服务优势的充分发挥，推动公共图书馆实现资源优势向效益优势的转化。

第七章 公共图书馆信息化阅读推广

第一节 公共图书馆阅读推广模式

一、公共图书馆与全民阅读

（一）公共图书馆与全民阅读的关系

1.公共图书馆是全民阅读推广活动的主要阵地

公共图书馆是人们获取知识的主要渠道，也是文化和各种信息交流的重要场所，馆内收藏的数字资源丰富，而且是经过筛选和专业化整理的，还有大量实用性强的文献资料，如各种期刊、报纸、经典名著等，满足不同读者的阅读需求。公共图书馆是公益性质的机构，在号召大家多读书，推广全民阅读方面具有重要作用，不仅有丰富的文化资源，而且为人们提供了良好的阅读环境。此外，公共图书馆还承担着一定社会责任，作用无可替代，在推广全民阅读的活动中，公共图书馆是组织领导者，在全社会传播公平、现代民主等思想。阅读可以丰富思想，提高公民素质，读者如果能够长期坚持阅读，就会形成良好的阅读习惯，具有终生阅读的意识。

我国公共图书馆全民阅读推广活动的发展已经进入高潮，各个地区的公共图书馆都有负责推广全民阅读的机构，安排专业人员负责宣传推广。公共图书馆还举办了多种活动激发民众的阅读兴趣，让读者通过参与活动感受阅读的魅力，自觉培养阅读的习惯，树立终身阅读的理念。当前的阅读环境是纸质图书和电子图书共存，在这种情况下，公共图书馆可以改善多种阅读方式并存带来的不良影响，提供更多样化的阅读服务，以满足读者多样化的阅读需求，在全社会推广阅读，使公共图书馆得到越来越多人的关注。

2.公共图书馆承载践行着全民阅读的文化精神

公共图书馆为人们呈现了一座巨大和丰富的知识宝库，便于人们深入、系统阅读，其作用是不可替代的。公共图书馆集中了不同地区的重要信息，人们可以从中获取各种所需的知识和信息。与此同时，不分差别地向所有人提供需要的服务和知识，无论年龄、国籍、社会地位等。读者可以从公共图书馆中获取完整的文献资料，享受全面且系统的文献服务，公共图书馆对所有的读者开放，没有等级，人们可以从中了解到完整的知识体系。

我国近年来提出了要建设学习型社会，不断加强文化基础设施建设力度，因此公共图书馆的设施明显改善，尤其是馆藏文献数量明显增加，各类应用水平不断提升。

（二）公共图书馆推广全民阅读的重要性

为了加快建设学习型社会，我国提出了全民阅读重要举措，全民阅读在国家公共文化服务体系建设中具有重要作用。阅读推广工作，就是以图书馆及相关组织为单位，引导读者养成良好的阅读习惯，培养阅读兴趣，提升我国国民阅读水平，最终实现全民阅读的目标。

《公共图书馆宣言》中明确提出了公共图书馆的任务是面向社会开展阅读活动，《中国图书馆服务宣言》也提到了图书馆要推动全社会形成全民阅读的风尚。公共图书馆具有丰富的馆藏资源，专业性和权威性强，在全民阅读中占据核心地位。公共图书馆最主要的功能之一就是推动社会阅读，这是其自身应该履行的使命以及其存在价值决定的。作为社会性质的文化服务机构，公共图书馆在向公众普及文化知识，提高公民文化素养方面有很重要的作用，因此，应在提升全民阅读能力方面起带头作用。从公益性文化组织的角度来看，公共图书馆满足了读者多样化的需求，形成了良好的社会阅读氛围。

《中华人民共和国公共图书馆法》的出台，确定了公共图书馆在推广全民阅读活动中的地位，未来也将发挥更大的作用。《中华人民共和国公共图书馆法》于2018年1月1日正式施行，其中有一条规定，公共图书馆是社会主义公共文化服务体系中的重要组成部分，所以在全民阅读推广活动中，应该起到推动和引导的作用，更好地服务于读者。全民阅读中的重要活动都是在公共图书馆开展，由此可见其在推广全民阅读活动中的重要性。有国家法律的支持，公共图书馆应该把握好时机，认真研究读者对于不同资源的需求、阅读服务等，做到理论与实践相结合，开展丰富多样且具有吸引力的推广活动，为公共阅读服务提供保障，在全社会形成阅读的良好氛围，为建设全民阅读推广服务体系保驾护航。

目前我国正在大力提倡全民阅读，在这一发展背景下，作为公益文化组织的公共图书馆，应该立足于当前实际，不断发展创新，为读者提供更优质的服务，将自身打造成全民阅读推广活动的重要推动力。公共图书馆要对自身服务水平的高低有清晰认识，在全民阅读活动中实现创新，使之更加多样化，提高公共图书馆的社会服务水平，积极探索提高其服务效能的方法，明确自身担负的责任，为民众提供更好的文化服务，从而进一步推动开展全民阅读活动。

图书馆是开展全民阅读活动的重要平台，阅读推广旨在培养全民阅读习惯，这是公共图书馆的重要任务之一，也是所有公共图书馆共同的追求，在某种意义上，以公共图书馆为单位开展全民阅读推广活动，对于社会主义核心价值观在全社会的推广、满足民众对于文化的需求、使现代公共文化体系更加规范等方面发挥着重要作用，同时也使公益文化单位焕发出新的生机。实际上，国家倡导全民阅读理念与图书馆阅读推广活动相互配合，二者共同发挥作用。首先，在全社会推广全民阅读，为图书馆阅读推广活动的创新和不断进步注入了新的活力；其次，全民阅读的内涵也随着阅读推广活动的发展不断完善和丰富。

图书馆开展的阅读推广活动与全民阅读发展的趋势要保持一致，从纵向深入挖掘阅读推广活动的潜能，推动图书馆阅读推广活动进一步发展。

（三）公共图书馆推广全民阅读的重要作用

公共图书馆的主要功能是向民众普及科学文化知识、组织开展相关教育工作以及保存人类珍贵的文化遗产等，在推动全民阅读的活动中占据中心地位，也是重要的组织和实施机构。在公共文化服务体系中，公共图书馆也是重要的一部分，引领开展全民阅读推广活动。全民阅读活动需要公共图书馆积极参与，这样才能推动全民阅读活动不断发展，提供丰富多样的服务。

1.建立学术文化社区，培养民众科学素养

公共图书馆是社会重要的服务机构，为社会提供文化、教育、信息等服务，传播科学文化知识，帮助民众获取信息，在社会主义文化生态建设中发挥着不可替代的作用。全民阅读是社会主义优秀文化传播的重要途径，也是提高公民文化素质的重要方式，以公共图书馆为主，不断完善服务体系，有助于深入开展全民阅读活动。实施全民阅读战略，首先要做的是通过丰富多彩的活动，激发民众阅读积极性，为民众阅读提供建议，从而从整体上提高公民的文化素养。从这一点上来看，全民阅读战略与公共图书馆的职能是相吻合的，公共图书馆与政府相关文化部门展开合作，开展多种形式的文化活动，大大拓展了图书馆在教育和文化方面的职能，还可以与社区合作，引导民众多阅读书籍，帮助民众提高自身素质，建立学术文化社区。

在知识和信息不断发展的时代，很多学科不断分化成更细化的学科，交叉学科和边缘学科层出不穷，知识和科学无论是形式还是内容，都更加细化和复杂。在这样一个时代，民众对知识的渴求也达到了新的高度，迫切需要学习新的知识，更好地融入社会。全民阅读的兴起和发展正是知识经济社会发展的必然选择，在公共图书馆的引领下，为民众提供知识文化服务，旨在构建全民阅读服务体系，激发民众自主学习意识，进一步提高全民文化素养。

2.丰富民众精神生活，调整全民阅读职能体系

公共图书馆的存在就是为民众提供知识文化服务，承担着文化教育的职责，无论是学习还是科技创新、创作等与文化相关的活动，都需要图书馆的支持。当今时代是知识经济快速发展的时代，任何组织和个人都需要通过阅读获取相关知识，提高自身科学文化素养。公共图书馆在推广全民阅读方面扮演着重要角色，满足人们日益多样化的需求，在人们精神文化生活中是不可或缺的。社会主义特色文化体系建设的重要举措就是全民阅读活动，它立足于文化，以提高全民族创造力和文化素养为目标，打造文化自信。公共图书馆具有丰富的馆藏资源，在此基础上不断创新阅读服务与推广方式，借助图书馆的文化职能，可以很好地解决民众对文化的需求，对促进社会主义文化事业发展具有重要推动作用。

当前，科学技术发展迅速，公共图书馆的作用也日益凸显，在传播优秀文化和先进思想方面是重要的平台，担负着文化教育的职责。公共图书馆主要负责普及科学文化知识，为读者提供图书借阅服务，以及管理文献资料等。其应该认真履行自身职能，激发民众阅读积极性，为民众提供更好的服务，满足他们精神上的需求。同时，做好文化教育工作，明确自身在提高国民综合素质方面起到的作用。当前，知识经济快速发展，政府相关文化部门提出全民阅读这一重要战略举措顺应了当前发展。公共图书馆是社会文化服务机构，应该认真履行自身职能，主动承担全民阅读文化开展中的重要任务，并从过去的经验中总结教训，完善自身职能体系。

3.创新全民阅读模式，普及全民阅读服务范围

知识经济时代的发展改变了公共图书馆的服务范围和职能，以往图书馆主要负责向读者提供书籍借阅服务和信息服务，现在则向读者提供知识和智慧服务。在社会文化事业建设中，全民阅读具有系统性，公共图书馆在深化全民阅读服务中，能够激发民众的阅读兴趣，并根据民众的阅读习惯，为其提供需要的服务，根据民众需求，创新服务机制和管理模式，使职能更加完善。作为为社会提供支持和服务的机构，公共图书馆主要是向民众普及科学文化知识，大力宣传优秀的文化和思想，在民众价值观塑造方面起到重要的引导作用。

公共图书馆面向大众开放，公众可以在图书馆中获取想要的信息和知识，借

阅相关书籍。全民阅读活动的开展，形成了良好的文化氛围，大大提高了图书馆的知名度，吸引了更多读者，也会拓宽图书馆的服务范围。

4.形成家庭阅读氛围，扩大公共阅读资源利用程度

家庭是社会的重要组成部分，儿童在家庭中接受启蒙教育，因此家庭阅读至关重要，承担着构建和谐进步社会的重任。公共图书馆家庭阅读推广让更多家庭参与到阅读中，在家庭中形成热爱阅读的良好氛围，这样可以带动整个社会形成良好的文化氛围，日益凸显阅读的重要性，不断完善阅读相关保障和责任机制。

公共图书馆资源丰富，为民众提供了多种阅读资源、既有纸质书籍，也有各类电子图书，这些都是人类智慧的结晶。公共图书馆家庭阅读推广不仅可以带动全民参与阅读，也可以使公共阅读资源得到充分利用，提高利用率，让读者更加精准地获取需要的资源，提高公共阅读资源的社会效益。

二、公共图书馆阅读推广要求与条件

（一）公共图书馆阅读推广的主要要求

公共图书馆的阅读推广势在必行，且推广活动必须紧密贴合读者的阅读理念和阅读需求。从目前推行全民阅读活动的经验来看，阅读多元化是最迫切也是最基本的需求，主要体现在阅读服务的多元化、阅读活动的多元化、活动推广渠道的多元化以及活动管理的多元化等方面。

1.服务理念多元化

要实现全民阅读活动服务理念多元化，必须充分利用公共图书馆的丰富资源，推广公共图书馆阅读，不断丰富全民阅读活动的形式。

全民阅读活动必须重视读者的阅读需求，进行个性化的阅读活动以满足读者多样化的需求；公共图书馆必须保证阅读机会公平，确保全民都能有阅读的机会，实现图书资源的使用公平；全民阅读活动还必须时刻与社会主义核心价值观保持一致，坚守文化内核，通过阅读活动宣扬社会主流价值观，丰富读者的精神内涵；公共图书馆的活动推广必须不断开拓创新，丰富活动形式，做到服务理念多元化，为读者营造一个舒适的阅读环境，增强推广优势；公共图书馆必须充分发挥积极性和主动性，主动了解读者需求并尽全力满足，提高公共图书馆的服务水平。

2.主题形式多元化

当前全民阅读活动的开展过程中，已经涌现出许多优秀的推广活动，这些推广活动之所以能够脱颖而出，活动主题发挥了巨大作用，在这些案例中，图书馆制定主题时充分考虑到读者需求，紧密贴合社会发展状况，发挥创新意识，并与当下社会人们关注的问题相融合，使活动主题具有巨大吸引力，从而激发读者的

阅读欲望。例如，在阅读过程中发布图书排行榜、举行图书知识竞赛、开展经典书目话剧表演等都是十分成功的活动主题案例。

实现阅读活动主题形式的多元化，不仅可以满足读者的阅读需求，丰富读者的阅读书库，还能在活动推广过程中激发民众阅读兴趣，养成良好阅读习惯，最终不断提高社会的文化水平。

3.推介途径多元化

随着互联网技术的不断发展，网络在世界范围内得到普及。互联网技术也应用到了图书阅读领域。新媒体成为公共图书馆阅读的重要推广渠道，新媒体技术的运用使推广活动更加多元化。图书馆的官方网站、官方微博账号、官方公众号等都成为图书馆推广阅读活动的重要途径，借助互联网也使推广活动的范围不断扩大，极大地提高了推广活动效果。

互联网技术的发展也改变了传统的阅读方式，借助移动手机用户端阅读为读者带来了许多便利。许多大型图书馆也推出了移动手机 App 阅读平台，通过手机进一步推广图书馆阅读活动，其兼具音频、视频等多种表现方式，可以满足读者的多样化需求，趣味性更强，激发了读者的阅读兴趣，实现了阅读活动的创新，是图书阅读顺应现代科技发展的重要表现。

4.管理过程多元化

在众多图书馆阅读活动推广案例中可以发现，图书馆独立举办的活动效果会相对差一些，大部分成功案例中图书馆举办活动都少不了其他社会组织的帮助，社会组织的加入可以为活动提供更多资源支持，包括物资、人力资源等，增强阅读活动的管理机制。南京市图书馆举办的少儿阅读活动能够取得成功，离不开当地多个部门的鼎力相助。

公共图书馆在举办阅读活动时必须充分利用社会各界的力量，实现管理过程多元化，优化活动管理机制，才能取得更好的推广效果。

（二）公共图书馆实现阅读推广的一般条件

1.推广阅读的法律保障——阅读立法

目前全民阅读已经成为国家的重点项目，为了使全民阅读活动引起社会各界的重视，有学者建议对阅读活动立法，全民阅读不仅仅是对民众提高文化内涵的呼吁，也是国家文化精神的象征。然而，针对全民阅读立法也遭到许多人的质疑，全民阅读活动是每个人可自由选择参与的活动，并不具备立法的条件。全民阅读立法与儿童阅读立法不同，儿童的心智并不成熟，不具备明辨是非的能力和自我管理能力，因此，要在学校和图书馆等阅读场所中针对儿童设立相应的法律来保护儿童。不仅是国内，儿童阅读在国际上也引起重视，国际上不仅举办过多个趣味儿童阅读活动，而且在逐步完善儿童阅读活动的立法系统。

图书馆儿童阅读立法工作比较复杂，需要通过深入研究各项法律内容，再由国家立法机关正式立法，形成一套完整的法律体系。其中，既要包含对各项法律的详细解释，还需要不断地深入研究儿童阅读立法，不断完善法律制度。从当前儿童阅读立法体系上看，现阶段儿童阅读立法工作更注重法律法规章制度等方面的指定工作，其中包括研究儿童阅读活动中的精神内涵、管理推广活动用户，保障特殊儿童人群享有平等阅读的权利，包括患有特殊疾病以及缺乏阅读条件的儿童群体。与此同时儿童阅读立法工作还要关注儿童阅读推广效果的提高，以及对阅读资源的合理分配，为儿童提供稳定安全的阅读环境。

法律在阅读推广活动具有重大作用，中国必须重视阅读立法，紧跟国际上的阅读立法进程，不断完善国家的阅读法律体系，用法律为阅读推广活动提供保障，促进全民阅读的实现，从而增强国家的文化自信，树立国际大国风范。

2.阅读推广的资源保障——数据支持

公共图书馆的阅读推广活动是根据群众的需求开展的，必然离不开用户数据的支持，在开展阅读推广活动前，必须先收集用户关于阅读的相关信息，分析整理用户信息，了解用户的需求，将收集到的信息应用到活动方案的设计中去，从而获得更好的推广效果。公共图书馆可获取的数据支持包括用户的阅读行为数据、图书馆的馆藏数据、图书馆管理员的数据以及图书馆用户的相关数据等。通过借助数据分析手段，整合分析图书馆的馆藏与用户的相关数据，从中推理获取用户的阅读行为数据。公共图书馆要适应新媒体环境，离不开大量数据的支持，有了强大的数据支撑，才能更深入了解用户的需求，运用新型科技打造完美的图书馆阅读系统，为用户提供有针对性的阅读服务，提升用户的阅读体验，从而获得良好的阅读推广效果。

有了强大的数据支持，公共图书馆可以为用户提供更具针对性的阅读资源，通过互联网技术分析用户的阅读行为，及时获得用户对推广活动的反馈。除了强大的数据分析能力，公共图书馆还必须不断提高图书馆的活动服务水平，首先要提高图书馆管理员的工作能力和专业素养，使图书馆管理员尽快适应新媒体技术，并运用到活动实践中。强大的数据支持也一定程度上解决了图书馆管理员收集数据的困难，能够更加精准地把握用户的阅读需求，从而为用户提供更优质的阅读服务。

3.阅读推广的体制保障——机制创新

公共图书馆要提高阅读推广活动的效果，还需要对图书馆的阅读推广机制进行创新，使阅读推广活动提供更加专业的服务，进一步满足用户的需求。只有不断创新阅读推广机制，才能保障公共图书馆推广活动持续顺利开展。通过收集大量数据以及分析过往成功案例可以发现，体制化、专业化是图书馆阅读推广活动的努力方向，建立系统的规章制度，为用户提供专业化的服务，才能更好地满足用户的阅读需求。其中，创新阅读推广机制是图书馆发展的重点问题，北京师范大学图书馆就十分注重阅读推广机制的创新并且取得了突出成果，其将图书馆的阅读推广工作与高校的人才培养结合，为图书馆阅读推广机制提供具有高素质的专业人才，建立专业优质的服务团队。

完善我国阅读推广体制必须不断创新图书馆的阅读推广机制。创新图书馆阅读推广机制必须充分利用理论知识，为图书馆阅读推广工作提供科学的理论指导，为阅读推广活动的开展指明正确方向。

4.阅读推广的动力——素养提升

目前，国内的阅读推广活动已经初具规模，在后续的阅读推广活动中，要重视活动推广的模式方法，明确全民阅读活动的直接目的是增加民众的书籍阅读量但最终目标是提高国民整体的文化素养。因此要从提高文化素养的角度去筹备活动，在制定活动方案时要准确把握民众的喜好和需求，从成功案例中吸取经验，举办多样化、趣味性强的阅读活动，增强图书馆阅读活动推广效果，提高国民的文化素养。

图书馆管理员在图书馆阅读活动中也起着十分重要的作用，要做好图书馆的阅读推广活动，必须提升图书馆管理员的文化素养，同时要培养图书馆管理员运用互联网科技的能力，使其更好地适应图书馆阅读的新模式，便于更好地开展图书馆阅读推广活动。在进行阅读推广活动时，还要充分考虑民众的阅读素养提高的需求和实际情况，制定科学合理的活动目标，便于在活动结束后评估活动结果。

三、公共图书馆阅读推广服务模式

结合目前图书馆的发展趋势，可以发现图书馆根据自身的馆藏资源、自身的人才储备以及技术优势为大众提供的特殊服务主要有三类，这三类服务模式之间有明显的不同，不同服务模式的差别是服务对象不同，针对的群体种类也有差异，但是它们有共同的目的，就是促进全民阅读，提高我国民众的文化素养。

第一类服务——图书借阅服务。图书借阅服务是图书馆提供的最基础的服务，该项服务也是图书馆其他服务开发的基础，它决定了图书馆的基本职能以及图书馆的发展形态、发展形势。全民阅读时代，公共图书馆的发展依旧要以图书借阅服务为基础，在此基础上为用户提供更优质的阅读体验。经济时代的快速发展，需要人才具备专业技能，需要人才储备大量的专业知识，各行各业的人们都在加紧学习，寻找更好的学习途径，以此来提高自身的文化素质水平。公共图书馆是贮藏知识的书库，是各种信息的聚集中心，受到了各行各业人才的青睐。在这样的环境下，图书馆应该关注到用户的阅读需求，开展读书活动，针对用户形成更加专业、更加个性的服务模式，满足群众个性化学习的需要，让人民群众养成良好的阅读习惯，提高民众的知识水平。

第二类服务——社区文化活动。图书馆为社会公众提供的是和阅读和文化生活相关的服务，通过阅读服务，图书馆和公众之间有了紧密联系。随着全民阅读时代的到来，图书馆也开始扩大自己的服务类型，服务开始从图书借阅转向社会文化活动。社会文化活动的开展需要图书馆和社区之间建立合作关系，然后由图书馆在社区中举办相关阅读活动，以此来满足民众的精神文化方面的需要，培养民众形成良好的阅读意识、阅读习惯。

第三类服务——科普知识展览。对于全民阅读活动来讲，科普知识展览是其重要环节之一。通过科普知识展览，人民群众对科学将会有更高的兴趣，人民群众的科学素养也会得到明显提升。科普知识展览是全民阅读活动开展的重点，阅读活动中可以设计和科学知识有关的文化展板，并展示科学案例、科学实验，以此来吸引人民群众的参与。参与可以是参观形式的，也可以是亲自动手参与的，目的是让人民群众体会科学文化的巨大魅力，提高人民群众的科学素养。

第二节 公共图书馆阅读推广实践

一、强化公共图书馆设施与馆藏资源

要想保证全民阅读活动能够顺利开展，就需要注重领导，完善机制，在政策上建立保障，在经费上给予大力支持，只有这样全民阅读活动才能持续地开展，才能获取广泛关注，才能行之有效。在健全的制度下、经费的有效保障下，图书馆可以积极扩大馆藏数量，以此降低人民群众的阅读成本。与此同时，还可以举办更丰富的活动，为人民群众提供多种多样的图书服务，吸引更多读者参与到全民阅读活动中。政府应从政策层面制定图书馆的设备配备标准、人员数量标准及图书馆藏的数量标准，标准的建立能够让图书馆按照标准配备设施、配备人员，只有达到了标准中要求的数量，图书馆才能为人民群众提供更满意的服务，才能更好地满足人民群众的需求。在建设地点方面，除了城市中心外，各个县乡也应该配备图书馆，而且馆藏应该定期更新，满足人民群众对图书的阅读需求。

人民群众阅读兴趣的培养需要立体化的阅读氛围，立体化阅读氛围的形成需要图书馆、家庭及学校三方的共同合作。对于社会来讲，构建阅读环境的重点是在社会内形成整体阅读的风气。比如，可以在世界读书日举办图书活动，也可以设立专门的阅读纪念日，渲染良好的阅读氛围；对于家庭来讲，构建阅读环境的

主要形式是亲子阅读活动，亲子阅读活动的开展能够营造出非常和谐、非常温馨的家庭阅读氛围，这样的氛围能够培养孩子养成阅读习惯，也可以加强父母和儿童之间的交流；对于学校来讲，构建阅读环境的主要方法是加强课内和课外的阅读互动，学校图书馆可以将自身丰富的馆藏资源引入校内课堂中，为校内课堂教学扩展资源。除此之外，还可以在校园内举办和学生学习密切相关的阅读活动，为学生提供更多元的阅读方式，在学校里形成浓厚的阅读氛围。作为公共图书馆，全民阅读推广活动的推进是其责无旁贷的义务，所以，一定要不断地优化图书馆的服务效能，为群众提供更加便捷的阅读体验。当今时代，图书馆应该简化相应的程序，为读者提供更便利的阅读体验。例如，借书程序应该精简，要提供自动化的图书查询设备，帮助读者更快地找到图书的位置，节约时间。此外，还应该延长开放时间。对于图书馆内部来说，人员的专业知识应该得到强化，人员应该充分了解不同种类图书的摆放位置，有热情的服务态度，积极地为读者提供便利的服务。

全民阅读活动的举办要想获得较好的效果，需要注意图书的趣味性以及图书的丰富性。通常情况下，读者在提高自身素质水平时，会选择阅读经典名著，经典名著能够为读者带来新的启发，在阅读名著的过程中，对名著的意义会有一个重新的建构。但是，这种建构并不是阅读所有名著都会得到的，想要获得这种效果需要阅读适合的名著。也就是说，图书馆在为读者推广名著时，应该了解读者兴趣，结合读者的认知水平、知识结构，为读者提供适合他们的经典名著，只有这样才能真正提升读者的文化素质水平。与此同时，名著的提供需要注意，要根据服务空间的不同，合理配备数量。

公共图书馆可以对本馆藏当中的具有特殊价值的资料进行加值，为人民群众提供更丰富的材料，图书馆中有很多古籍资源，将资源进行数字化加值后，研究者可以更便利地获取资源。除此之外，图书馆还可以和出版社进行合作，将原有古籍编写成文字比较通俗的书本，或者编写成绘画形式的儿童读物，书本的发行能够增加人民群众对当时历史的了解，人民群众也可以获得更加多元的阅读资源，有效地推动全民阅读。

二、实现公共图书馆通借通还与联盟机制

通借通还指把所有公共图书馆的资源集合在一起，搭建共同的服务平台，读者可以凭借有效证件从任意的图书馆借书或者还书，公共服务平台的出现不仅为人民群众提供了便利，也促进了不同图书馆之间的资源整合，创建了一种全新的文献利用方式，打破了空间限制。这种做法体现了以人为本的图书服务宗旨，极大满足了读者的阅读需求。通借通还工作的开展需要公共图书馆的大力配合，以

平台为载体可以把原本独立的图书馆整合成一个能够覆盖全市人民群众的图书网络。

全民阅读活动的开展主要依靠的是公共图书馆，但是图书馆的力量毕竟是有限的，想要真正实现全民阅读活动的开展，还需要其他社会力量的加入，借助其他社会组织的优势资源。例如，图书馆应该和政府之间建立合作关系，使全民阅读活动能够获得政策上的支持、资金上的支持；此外，图书馆还应该和学术团体建立合作，让专业人员指导全民阅读活动的发展；与此同时，图书馆也应该借用媒体推广全民阅读活动。总的来说，全民阅读活动的开展不是图书馆自己的奋战，是图书馆和社会力量之间的并肩作战，是社会资源和图书馆资源之间的相互配合。

从文化服务效益的角度来讲，想要获得效益最大化，就需要引入其他力量来支持文化服务发展，只有图书馆是不够的，公共部门、第三方或者是私营企业都应该加入进来，共同参与文化服务的建设。在进行阅读推广活动时，图书馆除了调动自身资源外，还应该和政府部门或者是书店以及行业相关部门联合合作，合作能够让各个主体资源互补，实现文化服务的多元发展，进而让阅读推广活动获得最大的文化服务效益。各个主体在合作过程中，应结合自身的优势，展开相应的阅读推广活动，例如，图书馆可以为读者提供它们需要的专业知识读物，政府可以发挥政策层面的引导作用，媒体可以发挥自身宣传传播的作用，扩大阅读推广活动的影响力。

三、提升图书馆员素质与服务质量

图书馆开展图书服务或全民阅读活动都需要人力资源的支持，这时，图书馆员的职业素质就特别重要，想要获得更好的全民阅读活动效果，想要吸引更多的群众参与阅读，就需要提高图书馆工作人员的素质及技能水平，只有这样才能提高图书馆的图书服务质量，而图书馆的图书服务质量直接影响了人民群众对阅读活动的参与兴趣和参与体验。因此，为了和人民群众之间建立长久的文化关联，图书馆一定要对图书馆工作人员进行定期的培训，以此提高图书馆工作人员的素养水平，让图书馆工作人员有正确的工作观念、道德观念，严格要求自己，热情地为读者服务，整体提高图书馆的服务水平。

综合图书资源，为读者提供个性化的服务。当今时代，民众对阅读的兴趣异常高涨，民众希望通过阅读来丰富自己的精神。公共图书馆在开展全民阅读活动的过程中，一定要注意更新服务理念，图书馆应该建立自己的内部管理系统，根据对民众兴趣的了解筛选资源、整合资源，形成个性化的服务体系。图书馆应该从读者的角度出发，思考阅读内容的价值和意义，从民众的角度思考有助于图书馆为读者提供针对性强的服务。读者的阅读兴趣被满足了，全民阅读活动的开展必然会是顺利的。

图书馆除了加大对图书馆工作人员的培养力度外，还应该培养阅读推广人，阅读推广人承担了图书馆阅读推广的工作，图书馆如果想要为公众提供更好的阅读推荐服务，那么就必须建立自己的推广团队。首先，图书馆应该加大人才的引进力度，并培养人才，积极构建推广团队。应该招募和图书推广专业相关、有发展潜力的人才，除此之外，图书馆还应该为人才的培养提供机会，激发人才的发展活力、发展动力，不断地提高人才技能，让人才逐渐成为合格的家庭阅读推广人；其次，图书馆还应集合社会中的力量建设家庭阅读推广团队，社会力量包含很多，如公益组织、志愿者、民办机构等等，图书馆应实行严格的考察，培养有图书工作意愿，并且致力于在图书领域发展的人才，最终打造出自己的社会力量推广团队。除此之外，社会上的高校或科学研究院可以根据自己的研究专业，为社会公众推广专业理论方面的知识，开展理论研究方面的阅读活动，培养能够进行理论研究推荐的阅读推广人。

四、创新公共图书馆服务模式与路径

图书馆发展一定要注意服务模式的创新，注意拓宽服务路径，服务模式和服务路径涉及图书馆的服务质量，而服务质量又影响了图书馆和人民群众之间的文化联系。知识经济时代，各个学科的知识发生了交叉，知识和信息变得更加复杂、多元，而且人民群众也要求获得更高质量的知识。在这样的情况下，公共图书馆必须改变传统的图书服务模式，要从实体图书的借阅开始转向信息化的技术服务，创新技术、创新服务模式，针对用户的兴趣和喜好为用户提供管家式的服务，这有利于图书馆和人民群众之间建立深厚的文化联系。

例如，有一些白天工作的读者想要在下班之后去图书馆获取知识，但是图书馆在那个时间段已经关门了，针对这样的情况，可以让图书馆全天候开放，解决用户阅读时间上的限制，为用户提供更加便利的图书服务，而且时间自由也可以激发读者产生一定阅读兴趣。

五、拓展公共图书馆阅读推广的读者对象

公共图书馆有职责和义务推广全民阅读，推广全民阅读的目的是让全国的成年人、未成年人及有阅读障碍的人都能够有平等阅读机会。只有全民的阅读权利是平等、公平的，人和人之间的差距才能缩小，人和人之间才能更加平等，这也是全民阅读最主要的目的。读者之间是有差异的，不同读者渴望得到的知识方向不同，而且读者的个人阅读经验、读书的目的都会表现出明显的不同，图书馆为了满足各种各样人民群众的需求，需要加强和读者和出版社和作者之间的互动，

这能够满足读者个性化需求，也能够提高活动效果。通过深入地交流及互动，双方能够了解彼此在阅读方面的需求，而且有助于知识和经验分享。除此之外，主体之间的交流能够提升群众的人际交往水平，让人民群众有更多的人际互动经验，收获更多除了书本外的资源和经验。例如，在交流互动的过程当中，读者表明了自己今后的阅读方向和阅读需求，那么作者就可以掌握读者的潜在需求，就能有目的地创作，来满足读者的需求。图书馆工作人员在和阅读主体或者作者、出版社沟通时，也能够了解到他们的需求，在开展阅读推广活动时，更有针对性地提高图书馆的服务质量。

六、指导并培养读者的良好阅读习惯

图书馆有责任、义务为读者的阅读提供指导，也有责任向读者推荐新书。公共图书馆在未来的发展过程中，应通过好书推荐和读者之间建立更紧密的联系，完善和优化目前的新书好书推荐机制。

图书馆除了要做好图书推荐外，还要创建全民阅读团体。例如公司、图书馆、学校或社区都可以组建自己的阅读团体，团体可以涉及未成年人，也可以涉及成年人，还可以包含老年人，只要有读书兴趣的都可以加入阅读团体中。除此之外。公共图书馆还应该联合学校图书馆或其他专门的图书馆，为阅读团体提供他们需要的各项服务。

公共图书馆的责任很多，其中就包含全民阅读。一个社会想要形成浓厚的阅读风气，则需要从儿童抓起，公共图书馆应针对儿童开展阅读推广活动，通过阅读培养孩子的理解能力、表达能力及想象能力，孩子具有较强的阅读能力也有助于后续学习。策划相关的阅读活动能够为儿童发展创设浓厚的阅读氛围，图书馆还可以倡导开展家庭阅读，利用亲子活动，在互动过程中，让孩子形成阅读习惯，而且亲子阅读互动的开展也有利于家庭氛围的温馨、和谐。

七、举办丰富的公共图书馆阅读推广活动

公共图书馆应联合出版社、媒体、政府或学校、书店及其他民间组织，共同开办全民阅读活动，调查全市人民群众的阅读兴趣、阅读习惯，然后有针对性地开展朗读节、小说月或读书节等活动。在社会营造全民参与阅读的浓厚风气，吸引更多市民加入阅读活动中，让市民的生活和阅读联系得更加紧密，让市民的生活中有浓厚的书香气，让市民在书籍魅力的影响下，积极乐观地生活。

公共图书馆在举办全民阅读活动时，应注意阅读活动的趣味性、形象性。有趣的活动能够激发读者阅读的兴趣，能够让读者意识到阅读活动的魅力和乐趣。例如，在开展相关主题的阅读活动过程当中，公共图书馆可以为市民打造阅读平

台，鼓励市民通过各种形式参与阅读，比如，手抄报的形式、读后感的形式、图片摄影的方式、视频记录分享的形式等。公共图书馆从建立至今，一直坚持读者至上的理念，为读者提供服务始终是它们的工作理念，但是随着互联网的发展，新媒体的快速崛起，以纸质图书为主要阅读载体的公共图书馆发展遭遇了冲击。在这样的情况下，公共图书馆开展全民阅读推广活动就必须了解读者的真正需求，只有满足读者的需求，公共图书馆才能长久发展。民众书籍需求了解应该从以下几个方面入手：首先，了解读者阅读需求以及它们自身的知识层次，根据需求和知识涉猎的范围有针对性地为其提供阅读书目；其次，公共图书馆应该结合电子设备，为读者提供全新形式的阅读体验，因为当今年轻人更加依赖互联网、依赖手机，相比于走到图书馆阅读，他们更喜欢躺在家里的沙发上，通过移动终端来阅读，所以，公共图书馆应该改变自己的服务模式，积极跟上时代的发展速度，找准时代的发展方向，避免被时代淘汰。

阅读的方式除了自行阅读书目之外，还可以聆听他人对书目的讲解。公共图书馆应该在阅读活动的形式上创新，为公众提供授课或者讲座形式的阅读活动，每期阅读活动都应该有明确的主题，图书馆应该提前做好活动预告，吸引读者提前预约。图书馆可以邀请某些领域的专家来充当活动的"图书"，让"图书"和读者之间进行线下的亲密交流，他们可以在交流的过程中分享经验、分享感悟，交流和互动容易激发出火花，容易让彼此获得潜移默化的成长。

此外，公共图书馆在举办活动时，还可以结合阅读日、读书节等节日。在特定的节日举办图书阅读活动能够吸引更多读者，能够激起读者更多的热情，能够为读者打造一场有关阅读的年度盛会。全民阅读日当天，全国范围内会有非常多的有关图书的活动，无论是在图书馆、书店还是学校，都会看见很多的图书推荐活动，比如图书讲座、图书签售会、作者分享会等。图书馆可以在节日当天邀请作家举办签售会或举办图书展览，为民众提供和作者面对面交流的机会。丰富多彩的阅读活动能够激发人民群众的参与热情，能够让活动获得巨大成功。

在举办活动的过程中，图书馆要注意为民众推荐经典的阅读书目。图书馆除了举办国学讲座、成立图书会外，还可以呼吁高校或者是中学成立自己的文化研究社团，或定期开展经典书目的讲座，引导大家阅读中文经典，逐渐地将以往只有专业人员研究的名著经典推荐给读者，比如唐诗宋词当中的传统文化、敦煌遗书记录的前世今生，或中国建筑的历史发展历程等。将这些传统文化内容引入阅读活动中，可以加深民众对传统文化的了解，这不仅能够提高民众自身的修养水平，还能够增强我国民众的民族自信。

公共图书馆有着责无旁贷地推广全民阅读活动的责任，在活动开展过程中，公共图书馆可以积极借鉴其他国家的发展经验，营造浓厚的读书氛围，让我国民众能够养成良好的阅读习惯，为我国民众阅读能力的提升作出贡献。

八、建立公共图书馆阅读推广长效机制

公共图书馆开展全民阅读推广活动应该是长久、持续的，为了保证阅读推广活动能够长久稳定发展，应该建立负责活动开展的领导机构，完善阅读活动的推广机制。公共图书馆可以在人员配置允许的情况下，开设专门从事阅读推广活动的部门，为部门的运作提供经费、提供人员，以此来保证阅读推广活动的长期有效。活动的长期开展能够吸引更多的读者参与阅读活动，读者也能够感受到阅读推广活动的浓厚阅读氛围。在建立推广活动部门时，图书馆应根据自身的实际情况建设出高质量、专业性强的阅读推广活动队伍，队伍不仅应该具备活动推广的理论基础，还应该具备操作能力，以便于阅读活动顺利实施。公共图书馆开展全民阅读推广过程中，应注意阅读品牌的树立和打造，公共图书馆应该在自身服务的基础上将自己推广的阅读活动打造成阅读品牌，让活动更加充实。例如，图书馆可以举办"读书节"系列活动、"小说月"系列活动等，并在活动的基础上开展评选活动，评选出活动当中的"读书达人""读书团体"或"书香家庭"等，以此来鼓励读者更好地参与读书活动。与此同时，选出来的"读书达人""读书团体"或"书香家庭"都是读者身边的典范，有了这样的榜样作用，读者将会更加认真地参与活动，将会获得更好的阅读效果。此外，图书馆还可以结合我国传统节日，比如说春节、端午节、国庆节、中秋节等节日，有针对性地开展和节日相关的读书活动，比如可以开展中秋节征文活动、端午节文化讲座活动或国庆节经典朗诵节目，呼吁广大市民群众参与阅读，提升文化修养，培养阅读习惯。在举办活动与评选的过程中，需要注意图书馆品牌塑造，形成品牌更容易吸引读者的注意力，更容易和读者保持长期的联系和互动，能够让读者受到读书活动潜移默化的影响和熏陶，可以启迪读者，有利于读者主动、自发地继承和弘扬我国优秀的传统文化。

九、建立公共图书馆阅读推广反馈机制

图书馆阅读推广活动想要具备更大的创新力与自主性，可以从以下三个方面入手：其一，在法律层面作出规定和调整，为图书馆阅读推广设立法律层面的规范，明确推广活动需要遵守的基本框架，让公共图书馆在开展阅读推广活动时能够有规定可以参考；其二，图书馆应成立内部专门负责阅读推广活动的部门，该部门的主要工作就是阅读推广服务，让阅读推广活动有专职人员负责；其三，阅读推广活动要建立健全评价机制，通过机制的作用使推广活动真正发挥作用，而不是流于形式的应景。

在当前技术时代下，图书馆可以利用大数据技术，定期分析数据背后体现的阅读反馈。例如，可以每年分析图书数据的出版状况，对我国的出版市场发展有一定了解，在了解的基础上，出版行业及图书馆可以参照阅读数据来制定图书的出版计划、营销计划、收藏计划。为了更好地、更有针对性地为读者推荐书籍，图书馆可以统计读者的爱好，根据读者的爱好购置书籍、推广书籍，以此来吸引人民群众参与图书馆的阅读推广活动，让人民群众感受到阅读的魅力。公共图书馆还应该整体上分析最近几年的就业情况，探索读者对书籍的兴趣变化趋势，根据变化趋势，对读者未来的兴趣发展作出预测，这有利于图书馆有针对性地开展图书推广活动。

第三节　公共图书馆阅读推广创新

一、文旅融合促公共图书馆阅读推广成效

（一）文旅融合背景下公共图书馆阅读推广的意义

宣传地方特色文化公共图书馆的读者众多，在文旅融合背景下开展阅读推广活动，可以让馆藏图书资源被更多读者看到，同时对本地旅游资源进行宣传。比如，近几年，随着我国经济的快速增长，越来越多的人开始对文化旅游产生兴趣，很多游客对各个地区的特色文化表现出十分浓厚的兴趣。在此背景下，图书馆可以更有针对性地开展阅读推广活动，在活动中宣传当地特色文化。同时，从旅游产业的角度来看，图书馆可以对本地区的特色旅游资源进行详细地介绍，向更多读者展现当地的魅力，以吸引更多游客前来参观旅游。

1.提升旅游项目的文化内涵

当前，越来越多的人开始关注旅游过程中的文化熏陶，希望可以通过旅游了解当地的特色文化，感受当地文化的独特魅力，因此也会更加关注当地图书馆所提供的文化服务。新时期，图书馆也可以成为一种特殊的旅游资源，图书馆内良好的氛围以及舒适的环境也可以成为吸引游客的一个亮点。

2.扩大图书馆的服务范围

公共图书馆的主要作用是为人们提供文化服务，使更多人通过阅读不断提升自身的文化素养。开展阅读推广活动可以让更多人了解图书馆的服务。过去，人们在旅游的过程中往往更加关注景色，但随着时代的发展，人们开始关注旅游项目的文化内涵，公共图书馆可以为游客提供一个休息与放松的场所，在放松的同时接受文化的熏陶，提升自己的文化素养。很多游客对目的地的旅游资源往往不

够了解，而图书馆开展的各类阅读推广活动可以为游客介绍当地的旅游资源，为游客提供更多旅游方面的服务。

（二）文旅融合背景下公共图书馆阅读推广的原则

1.阅读推广的原则

文旅融合背景下公共图书馆阅读推广需要遵循与时俱进、读者至上以及嵌入性原则。所谓与时俱进，即阅读推广工作应该与时代发展的步伐相一致，不论是阅读推广活动的形式还是阅读推广的理念，都要有一定的时代价值，要为文旅融合发展提供助力。所谓读者至上原则，即图书馆在开展阅读推广活动的过程中，要以读者需求为根本。在此过程中，图书馆要明确自身定位，不断提升自身的服务效果。嵌入性原则要求图书馆在开展阅读推广活动时，依据文旅融合以及阅读推广的实际需求开展工作，使阅读推广能够真正为文旅融合提供强大助力。

2.阅读推广的变化

文旅融合背景下，公共图书馆阅读推广的变化主要体现在以下几个方面。首先，服务效能上发生了变化。文旅融合背景下，公共图书馆的服务效能得到了明显提升，其服务方式也更为立体化。传统图书馆的主要工作内容为文献借阅，但是随着文旅融合的发展，品牌化阅读开始进入大众视野，越来越多的图书馆开始进入旅游景区，从而为文旅融合与公共图书馆的融合发展奠定了坚实的基础。其次，工作人员的工作职能发生了变化。过去，图书馆工作人员的主要工作内容为文献借阅等，但是随着时代的发展，工作人员的工作主动性得到了提升。在文旅融合背景下，工作人员会依据当地的特色为游客介绍当地的旅游景点和文化等。最后，文献资源的重要性逐渐受到重视。过去，图书馆在开展阅读推广工作时往往比较被动。在文旅融合背景下，图书馆需要发挥出自身的文献资源优势，深入挖掘馆内特色文献资源，大力建设地方文献资源库，并在此基础上不断优化阅读推广模式，帮助游客更好地了解当地的特色文化以及风俗等，同时在条件允许的情况下，为游客提供咨询服务，以进一步推动文旅融合的发展。

（三）文旅融合背景下公共图书馆阅读推广的新路径

1.加强合作，探索多种推广模式

首先，图书馆需要从文化服务供给的角度出发，在我国相关政策的引导下，根据图书馆的实际情况为受众提供相应的服务。在此背景下，图书馆可以与当地的文旅部门以及电视台等进行合作，制作图书推广节目，拓宽阅读推广的路径。与此同时，图书馆还可以依据当地的特色旅游资源，开发具有当地特色的手绘地图等各类文创产品；还可以举办主题活动，由馆内工作人员和志愿者组成小分队，到当地的公园、广场等公共场所开展地方性资源推广与文化演出活动。其次，图

书馆需要开展更为多元化的阅读推广活动。在此过程中，图书馆要积极与当地的书店、高校、旅游景点等进行合作，将图书馆现有的资源融入当地的各类文化活动中，使阅读推广活动与游客的衣食住行相结合，帮助游客在旅游过程中了解更多当地特色文化。比如，在洛阳牡丹文化节期间，当地图书馆在城市书房中开展文集交流展览活动，游客可以通过阅读换取积分，这些积分可以用来换取当地旅游景点的门票。红色旅游赋能红色文献推广

（1）开发红色文献传播与利用平台

首先，图书馆可以利用技术手段将红色文献资源嵌入景区中，为游客提供更丰富的文化体验。比如，陕西省图书馆在各个景区中设置了二维码，游客扫码后就可以了解景点的历史信息。这一方式能够让游客更便捷地获取相关文献资源，同时还可以利用音频和视频等形式，更好地展示红色文化。其次，可以建立以红色旅游为主题的阅读空间。比如，太原市图书馆和江西省图书馆都单独设置了红色文化体验区，吸引了许多游客前往参观。最后，图书馆也可以尝试把自身打造成当地的标志性文化建筑。文旅融合背景下，图书馆可以对空间进行重新规划，从而更好地发挥图书馆的文化教育功能。一些革命地区的图书馆可以运用名人效应建立主题分馆，如周恩来图书馆等。红色主题图书馆简单来说就是把当地的红色文化与著名的革命圣地以及革命伟人等联系到一起，使图书馆逐步发展成为红色文化的主要推广阵地。这不仅可以促进当地公共图书馆的发展，也能从侧面推动文旅融合的进一步发展，起到由点带面的作用。

（2）围绕红色文献设计文创产品

红色旅游文创产品就是以红色文化为主题开发出的具有一定纪念意义的产品。在旅游的过程中，购买红色文创产品能够加深游客对红色文化的印象，从而提高他们阅读红色文献的意愿。在开发红色文创产品的过程中，图书馆要注重产品的内涵，通过文创产品进一步推动红色文化的推广。首先，红色文创产品要有一定的地域特色。图书馆要从当前的馆藏资源入手，筛选出符合要求的红色文献资源，对文献资源的内涵进行深入挖掘，为文创产品注入红色文化精神，这样还可以避免文创产品同质化现象的出现。其次，需要对文创产品的形式进行创新。目前，红色文创产品的形式依然比较老套，且实用性不强，主要有手机壳、文化衫、摆件等。在创作时也只是对红色文化元素进行简单地套用，设计出来的产品缺乏时代性和创新性。对此，公共图书馆要在深入挖掘红色文献内涵的基础上，运用多种艺术手法设计文创产品，赋予文创产品新的生命力，提高文创产品的实用性。最后，要充分发挥红色文创产品的教育价值。在设计文创产品的过程中，要注意红色文创产品的宣传作用。比如，在进行文创产品设计时，可以在产品上或是单独制作的小卡片上添加获取红色文献资源的二维码，以提升红色文献资源的推广

效果。

2.文旅融合背景下的少儿阅读推广

公共图书馆承担着阅读推广的重要使命，其中就包括少儿阅读推广。孩子是祖国的未来，是祖国发展的希望。在少儿阅读推广的过程中，要注意利用多元化的推广形式以及丰富的主题内容进一步提高少儿对阅读的兴趣。过去，图书馆的少儿阅读推广活动主要围绕名著阅读这一主题，但是对于一些少儿来说，名著的篇幅往往较长，他们很难坚持阅读下去，这阻碍了图书馆阅读推广工作的开展。在文旅融合背景下开展阅读推广，可以利用当地的特色文化提升阅读推广的趣味性，在激发少儿兴趣的同时，帮助少儿了解更多当地的特色文化，激发少儿对祖国与家乡的热爱。

具体来说，地方公共图书馆可以与当地的旅游企业、中小学、文化机构等合作，不断拓宽少儿阅读推广的范围。地方公共图书馆在和当地的旅游景点进行合作时，需要先对旅游景点进行实地考察，充分把握景点的特色，并将这些特色融入阅读推广中。比如，公共图书馆可以依托景点的旅游元素制作图书，用漫画的形式向少儿介绍景点的历史背景以及景点中的各类标识；再比如，公共图书馆可以举办"少儿古诗词大会"等活动，让少儿穿着汉服参与活动，感受传统文化之美，对于活动中表现优秀的少儿，可以为其颁发奖状，并赠送当地的特色文创产品，同时给所有参与活动的少儿颁发具有当地特色的纪念品。这些活动不仅可以提升少儿的阅读兴趣，同时也有利于提升少儿阅读推广的效果，从侧面推动了文旅融合的进一步发展。

3.创新阅读推广形式，举办特色阅读推广活动

文旅融合背景下，公共图书馆可以通过举办特色阅读推广活动推广本地区的特色文化。比如，上海市崇明区图书馆就把阅读和本地区的非遗相结合，构建了"图书馆+非遗"的阅读推广服务模式。崇明图书馆利用两年的时间录制了专题影片，并在交通枢纽以及一些重点景区进行播放，吸引了大量的游客，不仅提升了游客的体验感，同时也提高了图书馆阅读推广的效果。除了"图书馆+非遗"模式外，各地区也可以结合本区域的特色文化组织开展各类活动。例如，图书馆可以以纺织技术为基础，在馆内单独设置一片区域，在游客在阅读之余能够到纺织机旁参观与体验纺织的过程，并亲手制作一些简单的纺织挂件等，从而更为充分地感受本地区的文化特色。

4.基于智慧文旅开展阅读推广

基于智慧文旅开展的阅读推广活动重点在于对各类现代化技术的运用。首先，从主体的角度来看。基于智慧文旅所开展的阅读推广活动，其主体包括图书馆、旅游中心、商场、景区等。在这些主体中，作为开展阅读推广的主要部门，图书馆需要通过更加多样化的活动吸引游客到景点参观，可以尝试在景区内设置智慧书房或者和当地民宿合作，建立特色图书馆等方式，为文旅产业的发展赋能。此外，图书馆也需要改变以往被动地阅读推广模式，要想读者所想，更为积极地开展阅读推广活动。其次，从客体的角度来看。智慧文旅背景下所开展的阅读推广活动的客体包括图书馆的读者以及游客。因此，在智慧文旅背景下，图书馆可以利用大数据等现代化技术绘制客体画像，对客体的偏好与阅读行为进行深入的挖掘与分析，并在此基础上开展更具个性化的阅读推广服务。

再次，从阅读推广资源的角度来看。智慧文旅背景下开展的阅读推广，其中的文化资源除了饮食文化和当地风俗外，还包含地方文献资源以及相关的文化旅游信息。最后，从推广媒介的角度来看。一方面，图书馆可以运用短视频平台拉近游客与图书馆之间的距离，比如当地旅游部门可以与图书馆联合制作并发布相关短视频，以进一步提升阅读推广的效果。另一方面，图书馆可以利用微信公众号平台，向人们推送当地的文旅信息，并与游客积极进行互动。

总之，文旅融合背景下所开展的阅读推广活动，需要从各地区的实际情况入手，对当地的文化资源进行深入挖掘，并在此基础上科学开展阅读推广服务，让人们在放松身心的同时接受文化的熏陶，在推动我国图书馆可持续发展的同时，为我国文旅融合工作的开展注入更多活力①。

二、文化传承视角下的公共图书馆阅读推广

（一）公共图书馆阅读推广与文化传承的关联性

各省、地市、县市级图书馆、文化馆是建设文化强国、传承与传播中华优秀传统文化的重要支撑。《中华人民共和国公共图书馆法》明确提出："公共图书馆应当通过开展阅读指导、读书交流、演讲诵读、图书互换共享等活动，推广全民阅读。"《中国图书馆学会章程》也明确指出："公共图书馆全民阅读推广活动的实施，将大大促进知识与文化的创新传播，为学习型社会建设、社会民众科学文化素养的提高提供支持。"

在建构中国特色"书香社会、全民阅读"环境的要求下，公共图书馆应当组织与开展阅读推广活动，可通过整合《论语》《诗经》《道德经》《大学》《礼记》等资源，举办文学讲座、读书交流会、绘画展览、戏剧曲艺推广等活动，充分发挥公共图书馆阅读推广"以文化人、文化育人"的作用。通过阅读推广进行文化

---

① 陶韧.借文旅融合东风促公共图书馆阅读推广提质增效［J］.文化产业，2023（21）：100-102.

传播，不仅能够挖掘文化价值，创新文化传承与传播的形式，还能不断拓展社会的文化教育空间，使广大读者更好地参与到传统文化、红色文化的学习与实践之中，实现"立德树人"的教育效果。

（二）文化传承视角下公共图书馆开展阅读推广的重要意义

1.有助于落实"立德树人"的人才培养目标

近年来，各地区公共图书馆开展阅读推广活动已形成热潮，特别是在"4·23世界读书日"前后，公共图书馆会根据广大读者的阅读兴趣，组织与开展一系列的文化讲座、阅读比赛或分享活动，推动全民阅读型、学习型社会的建设。公共图书馆应利用大数据及云计算技术、B/S（浏览器/服务器）应用程序架构，建立文献收藏、阅读推广服务平台。可围绕新时代"为谁培养人，培养什么人，怎样培养人"这一根本问题，组织开展传统文化、红色文化阅读推广活动，开展针对高校大学生、社会青年等不同群体的差异性文化教育，通过传统文化、思想价值观念的引导与教育，促进传统文化的传承与传播，满足不同社会主体的文化学习需求，落实公共图书馆阅读推广的"立德树人"人才培养目标。

2.有助于公共图书馆阅读推广体系的建设与完善

公共图书馆作为文献收藏和社会教育机构，通常由公众自主进行图书资源的浏览、借阅或下载，图书馆管理员很少为不同阅读群体主动推荐书目、提供文化学习内容等。新时代文化传承与传播的教育理念下，包括公共图书馆在内的社会教育机构都将阅读推广工作放在首位。一是合理分配图书馆网站管理员、馆员的职责与任务；二是利用筹集的资金、文化教育资源，组织安排不同主题的文化讲座或阅读推广活动，最大限度地完善现有公共图书馆阅读推广体系，形成公共图书馆、出版单位、学校等组织机构的协同联动，发挥公共图书馆开展阅读推广活动、教育及传承文化的作用。

3.有助于公共图书馆阅读推广、文化传承方式创新

公共图书馆阅读推广的线上线下混合式服务体系建设，特别是"互联网+"阅读推广平台、Web网页组件、VR三维视频窗口等的建设，能够创新原有的图书馆阅读推广、文化传承模式，设计一系列新的交互式在线问题、感知实践式教育活动，为社会公众阅读图书、进行文化学习提供支持。

（三）公共图书馆阅读推广存在的不足

1.公共图书馆管理员对阅读推广工作的重视程度不足

推广经典典籍、历史及文化书籍是公共图书馆的重要工作之一，图书馆管理员、推广工作人员作为阅读推广的主体，应组织设计不同阅读推广主题、推广内容及推广方式等，吸引广大读者参与到文化知识的阅读、识记与学习之中，这样

才能逐步实现阅读推广的知识分享、思想价值理念传达的目标。但部分公共图书馆往往不够重视阅读推广活动的开展，只是临时抽调馆内的闲散人员，对推广的内容进行简要介绍，并没有对阅读推广工作进行系统规划，也很少从阅读推广内容、推广形式层面展开创新，使得阅读推广实践的程式化、形式化问题严重，读者难以获得有价值的阅读感悟与精神提升。

2.公共图书馆阅读推广专业设施、专业人员匮乏

"互联网+"阅读推广平台建设不足、专业技术与服务人员匮乏也是公共图书馆阅读推广工作面临的问题。首先，当前大多数公共图书馆更注重线下阅读推广活动的策划与举办，管理人员通常将更多精力投入线下活动之中，包括读者见面会、交流会等，很少开展线上阅读推广活动，因此很多情况下公共图书馆的阅读推广工作只能覆盖少部分读者。其次，部分公共图书馆受资金、人力资源等的限制，"互联网+"阅读推广平台、直播平台等软硬件设施建设不足，管理人员不会在网络上组织策划线上阅读推广活动，只是通过制作一张网页宣传海报来吸引读者，由此导致读者的参与性不足。

3.公共图书馆阅读推广针对性、创新性不足

不同读者的阅读喜好存在差异，了解不同读者的阅读喜好，并制定出有针对性的阅读推广活动方案，应成为公共图书馆当前的重要工作。然而现阶段公共图书馆的阅读推广工作往往面向全体社会成员组织活动，为读者推荐经典典籍、文学、史学、书法、绘画、戏剧、音乐、舞蹈等通识性书籍，很少针对某一阅读主题、经典书目进行指导讲解，不能帮助读者受众明晰"读什么，为什么读，怎么读"的问题。

此外，公共图书馆阅读推广活动的创新性不足，也制约着图书内容的广泛传播。部分图书馆仍缺乏数字资源、阅读推荐、在线展览、文献捐赠等服务模块的建设，很少利用门户网站、微信公众号、微博等策划阅读推广活动，阅读推广工作中的问题交互与反馈不到位，使得图书馆阅读推广活动的创新性和影响力不足。

（四）文化传承视域下公共图书馆阅读推广的创新实践策略

1.加强公共图书馆馆藏经典典籍、阅读推广理念建设

公共图书馆作为"没有围墙的社会大学"，承担着文化传播的使命，而馆藏经典典籍的不断补充和完善是保证中华传统文化、红色文化传承与传播的关键。面对公共图书馆数百万册不同专业的书籍，图书管理员应设置不同书籍藏区，并通过OCR扫描、上传与归档等方式，将传统文化典籍、马列经典著作、红色经典书籍等进行分类存放，为不同读者浏览、借阅或下载提供便利。针对公共图书馆管理员的文化素质、阅读推广理念，成立专门的阅读推广部门，向管理人员、推广

工作人员分配阅读推广任务，展开经典典籍、思想价值观念的专业化培训，使管理员树立以读者为中心的阅读推广理念，与时俱进掌握阅读推广的新动向，从而更好地推动传统中华文化和红色文化的传承与发展。

2.搭建文化阅读推广网络平台，培育线上线下管理专员

大数据及云计算、新媒体技术的迅猛发展，使得公共图书馆的阅读推广内容、方式更加多样化，同时也能够在短时间内为读者提供更加丰富的阅读资源、阅读推广方案。因此，公共图书馆应从线上线下混合式阅读体系的建设出发，根据公共图书馆经典阅读推广、文化宣传的需求，培育线上线下阅读推广管理专员，规范阅读推广活动的策划、服务与管理流程。

同时，依托大数据挖掘技术、云计算技术，建构"互联网+"阅读推广平台，开发"互联网+图书馆"的阅读推广模式，通过Web应用程序展示馆藏资源，通过建设咨询或借阅服务、阅读推荐、文化专题、信息自助服务、在线展览、党建园地、文献捐赠等模块，提供线上馆藏资源，策划与开展线上阅读推广活动，向广大读者及时推送符合其意趣的、生动鲜活的阅读内容，深化其对红色文化、传统文化精神的认知，实现推广经典书籍，传承与传播优秀传统文化的目标。

3.创新图书馆阅读推广的内容及方式，提高针对性

公共图书馆阅读推广的主题及内容选择、阅读推广模式的创新，是促进优秀传统文化、红色文化传承与传播的关键手段。公共图书馆应针对不同读者的阅读喜好，选择图书馆阅读推广的主题，运用"互联网+图书馆""院校+图书馆"阅读推广建设方案，打造第二个、第三个文化阅读课堂。首先，"互联网+图书馆"第二文化阅读课堂的建设，可利用Scrapy-Redis组件、Graphite监测组件、Redis数据库等软硬件技术，抓取某一时间段的读者阅读数据信息，掌握读者阅读经典典籍的动机以及阅读需求。在此基础上整合网络文本、图片、视频、音频等数字化阅读资源，创设"传统佳节""记住乡愁""全景故宫""井冈山"等阅读主题，通过数字全景展厅、虚拟现实技术的应用，使读者沉浸式感受传统文化的魅力，以达到以文化人、文化育人的效果。

其次，加强"院校+图书馆"第三文化阅读课堂建设，是近年来公共图书馆阅读推广工作的重要方向。采用"院校+图书馆""图书馆+文化公开课"的馆校联盟建设模式，建立线上线下融合的文化宣传教育基地，由图书馆管理员、高校教师共同主导，举办主题讲座、文化公开课、公益阅读演讲或比赛等活动，带领广大在校学生、青年读者参与其中，接受优秀传统文化、红色文化的传承教育。

公共图书馆阅读推广活动的开展对新时代文化传承、"立德树人"人才培养目标的实现具有重要的指导与促进作用。因此，公共图书馆要创新阅读推广策略，整合图书馆内的"互联网+"阅读推广平台与文化资源优势，以管理员、推广人员

为主体，设置多样化的经典阅读推广主题，加强传统文化的引导和教育，从而更好地实现阅读推广以及文化育人的目标。①

①张达.文化传承视角下的公共图书馆阅读推广［J］.文化产业，2023（19）：118-120.

第八章　公共图书馆信息资源整合

第一节　公共图书馆信息整合分类

一、大数据环境下图书馆信息整合

大数据需要被处理后才能充分显现其潜在价值，运用图书馆信息整合是挖掘大数据潜在价值并寻找大数据优化解决方案的有效途径之一。本节在阐述大数据的内涵和特征、信息整合的内涵以及图书馆信息整合的内涵和来源的基础上，分析图书馆信息整合的价值形成及价值体现，并基于信息整合的本质构建大数据环境下图书馆信息整合模式。

（一）大数据的内涵及特征

1.大数据的内涵

数据是指规模庞大且难以通过传统方法进行处理和管理的数据集合。它具有以下特征：高速度、高容量、多样性和价值密度。

首先，大数据的高速度体现在数据的产生、流动和更新速度非常快。随着互联网技术的发展，人们越来越依赖于各种数字设备，例如智能手机、物联网设备等，这些设备不断产生着海量的数据。同时，社交媒体、移动应用程序等平台也为用户提供了大量的数据生成和传递机会，使得数据的增长速度呈现爆炸式增长。

其次，大数据的高容量意味着数据的数量巨大。传统的数据库系统已经无法满足对大规模数据的存储和处理需求。根据国际数据公司（IDC）的报告，到2025年，全球数据总量将达到175ZB（1ZB=10^21字节），与2018年相比增长了61倍。这个数字之巨大令人难以想象，需要新的技术手段来处理和管理这样庞大的数据量。

另外，大数据的多样性意味着数据的类型和来源多样化。大数据不仅包括结构化数据（如表格、数据库）、半结构化数据（如日志、XML文件）和非结构化数据（如文本、图片、视频等），还包括来自各种渠道和来源的数据。这些多样性的数据形式和来源使得大数据具有更广泛的应用场景和分析方法。

大数据不仅仅是数量巨大的数据集合，它还具有高速度、高容量、多样性和价值密度等特征。随着技术的发展和应用的深入，大数据将成为推动社会经济发展的重要驱动力。

2.大数据的特征

大数据是指规模巨大、复杂多样的数据集合，具有以下几个显著特征：

（1）容量

大数据的容量非常庞大，通常以TB、PB甚至EB为单位进行衡量。这种大规模的数据集合需要强大的存储和处理能力来进行管理和分析。

（2）速度

大数据的产生速度非常快，数据源源不断地涌入系统。例如，社交媒体上每天产生的海量用户生成内容、传感器设备实时采集的数据等。因此，对于大数据的处理需要具备高效的实时处理能力。

（3）多样性

大数据通常包含各种类型的数据，如结构化数据（如数据库中的表格数据）、半结构化数据（如日志文件）和非结构化数据（如文本、图像、音频等）。这些不同类型的数据需要采用不同的方法和工具进行处理和分析。

（4）高维度和复杂性

大数据往往具有高维度和复杂性。它们可以包括多个维度的数据，如时间、空间、用户属性等。同时，大数据还可能涉及多个数据源的组合，需要进行数据集成和关联分析。

（4）数据质量和可信度的挑战

由于大数据的规模和复杂性，数据质量和可信度是一个重要的挑战。大数据中可能存在噪声、缺失值、重复值等问题，而且不同数据源之间的一致性也需要进行验证和保证。

（5）数据价值的开发和挖掘

大数据蕴含着巨大的价值，但如何从大数据中提取有用的信息并进行深入地分析是一个关键问题。通过有效的数据挖掘和分析方法，可以发现隐藏在数据背后的规律和趋势，为决策和创新提供支持。

综上所述，大数据具有容量大、速度快、多样性高、维度复杂等特征。充分理解这些特征对于有效处理和挖掘大数据的价值至关重要。

（二）大数据环境下图书馆信息整合的内涵及来源

图书馆作为信息资源的集散中心，其在信息整合、揭示和服务方面的存在价值始终不会改变。在大数据快速发展的社会背景下，图书馆信息整合的内涵和来源也必然显现出相应的时代发展特征和要求。

1.信息整合的内涵

信息整合主要是指通过分类法、主题词法等信息组织体系，运用分类、标引、描述、排序、建库、关联等加工手段，将不同信息源、不同信息结构、不同信息载体相对独立的信息进行集成，实现原有信息的优化配置和价值增值。信息整合有广义和狭义之分。广义的信息整合是指将无序信息集成起来，变无序为有序，实现信息有序化、共享化和价值化的过程；狭义的信息整合是指将一定范围内的多源异构信息或物理逻辑地组织起来，成为一个完整、有序的系统整体，实现信息资源的统一检索和获取。可以看出，信息整合是信息资源优化管理的一种方式，是通过一定手段实现各类信息的无缝集成、链接，使之成为结构有序、配置优化、价值最大化的有机整体。

2.大数据环境下图书馆信息整合的内涵

大数据环境下的图书馆信息整合是要从大数据中有针对性地梳理、分析、标引、集成相关联的信息，无缝地接入各种已有的或新建的数据库系统中，实现信息资源间的有机关联。图书馆基于信息用户信息需求的驱动和自身馆藏配置的需要，面对丰富、系统的或零碎、分散的结构化、半结构化及非结构化数据，从资源内容、功能结构和检索方法等方面按照信息间实体关系进行集成、描述、揭示和关联，以形成满足不同信息检索和获取需求的信息集合整体，实现多源异构信息资源的统一访问、有效共享和便捷利用。通过图书馆信息整合，可以在大数据中寻找关联、挖掘价值、优化利用和服务用户，这也正是大数据环境下图书馆信息整合的最终目的。

3.大数据环境下图书馆信息整合的来源

通常地说，图书馆的信息主要包含图书馆业务信息、文献信息和用户信息三个基本类型。本节所探讨的图书馆信息整合中的信息主要是指文献信息，即运用一定的方法，通过一定的表达形式记录在一定的载体上的信息总和。基于信息结构方式，大数据环境下图书馆信息整合来源主要有以下三种：一是图书馆实体信息的信息来源。图书、期刊等传统的印刷型文献资源是图书馆信息整合的实体信息源，这类信息属于结构化信息。结构化信息能够被完全数字化并能通过计算机和数据库管理技术来显性揭示和整合。实体信息经过标引后被分解成许多相互关联的数据段，各数据段间层级结构明晰，实现了从信息的结构化到关联的数据体系。随着网络的普及和信息技术的发展，纸质实体信息源已不再成为图书馆和信息用户收藏或利用信息的主要渠道。二是图书馆电子资源的信息来源。中国知网、维普科技、超星电子图书、SCI/SSCI 等由信息供应商提供的大型数据库是图书馆信息整合的电子资源信息源，这类信息属于半结构化信息。半结构化信息介于结构化和非结构化信息间，它虽是结构化信息，但结构变化很大。在图书馆电子资源网页的源对象中，包括有目标对象如中国知网，而中国知网内具体的论文、报纸、会议和图片等内容信息又在另一页面上，于是形成了上下级间一级级的源对象与目标对象关系，而这种关系间有着相同的标记，并可通过一定的取值信息获取相应信息。可见，电子资源中的信息具有一定的结构性特征，但是由于信息又存在自身描述的层次，因此，结构的变化很大。全面、系统、精要的电子资源数据库是图书馆馆藏资源的重要组成部分。三是图书馆网络信息的信息来源。通过计算机网络可以获取的各种信息都是图书馆信息整合的网络信息源。随着网络技术的飞速发展及网络共享与开放程度的加深，人们在网络上索取和存放信息变得越来越自由，于是网络中出现了大量如声音、图像、影视和超媒体等复杂类型信息，这些信息属于非结构化信息。非结构化信息的信息形式相对不固定且不能完全数字化。非结构化信息是当今大数据的主体，据统计，非结构化信息已占到当前数字信息总量的 70% ~85%。非结构化信息中隐藏着大量有价值的信息，如何对这些非结构化信息进行结构化的分析和梳理，挖掘其中的信息价值，是图书馆信息整合的难点和价值体现。

（三）大数据环境下图书馆信息整合的价值

在大数据环境下，图书馆仍然是主要的信息承载对象。在面对多源的信息市场和庞大的信息用户群，以及由海量数据所产生的一系列信息问题时，信息整合作为图书馆发展的必然选择，能更好地展现信息间的关联及信息价值。

1.大数据环境下图书馆信息整合价值的形成分析

图书馆信息整合价值的形成过程是一个信息不断提炼、价值不断提升的动态演进过程，将整个过程进行深层次细化，大致包括三个阶段：第一阶段是信息过滤，信息过滤是图书馆基于自身信息资源需求，从海量、繁杂、良莠不齐的大数据中进行信息分析和筛选，选取出有使用价值的信息，过滤掉无用信息。这是一个去粗取精、去伪存真、价值创造的过程。第二阶段是信息集成，信息集成是将过滤后零散的有用信息按统一的标准、规范和编码进行汇总、归纳，形成一类类的系统信息整体，发挥信息资源的整体化效用，实现零散的信息资源转变为整体高效的信息价值。这是一个化零为整、化散为合、价值凸显的过程。第三阶段是信息优化，信息优化是在信息集成的基础上，进一步对已有信息进行再分析、再梳理，建立不同信息集群间的关联体系，实现相关多元信息的有机融合并优化升级，促进信息传递、检索和运用达到最佳效果的状态。这是一个由表及里、由此及彼、价值升华的过程。

2. 大数据环境下图书馆信息整合的价值体现

大数据环境下图书馆信息整合的价值体现包含三个层面：在信息整合过程中，由所凝结的各信息主体的信息劳动而直接体现出的最基本的信息价值；将有价值的信息运用于生产和工作，在信息流通和消费的共同作用下实现信息的经济价值；由信息价值和信息经济价值的合力作用，增强图书馆的竞争力，提升图书馆的存在价值。具体表现在以下几个方面：

（1）满足平台需求，实现大资源服务

当前，随着云计算技术的日趋成熟，在面对信息量几何倍数增长及各种类型数据库不断开发的形势下，为信息用户提供高效、便捷、快速的云服务，已成为图书馆平台服务的主要模式，而信息整合与运用则是平台云服务中满足信息用户信息需求的主要方式。同时，通过图书馆信息整合可以增强信息间的关联性和因果性，以此降低在信息检索和获取过程中对云服务平台性能、云资源和应用实时性的需求。此外，信息整合也是将云计算技术与信息用户信息需求相整合，实现图书馆大数据信息资源向大资源服务转变的重要途径，从而发挥并提升信息的整合效应，体现图书馆信息整合中的信息价值。

（2）消除信息孤岛，有效过滤集合

在大数据环境下，各领域的信息系统层出不穷。然而，由于来源异构、结构异构、平台异构和标准异构等原因导致各信息系统间相互独立，出现"信息孤岛"。同时，大数据资源存在大量零散、过度冗余、鱼龙混杂的现象，直接带来了信息用户的信息获取困难和信息需求难以满足，导致信息用户相对性的信息匮乏。通过图书馆信息整合，对大数据资源进行有针对性的过滤和有目的性的集成，为信息用户提供有效用、有价值的信息并使信息互联互通、资源共享，实现分散于各系统的信息资源间的平滑流动与协同共享，正是图书馆信息整合信息价值的体现。

（3）对接信息需求，优化信息成本

在大数据环境下，信息用户的信息需求呈现多样化、个性化的特点。图书馆通过信息整合，能有效地分析和梳理大数据，挖掘及开发大数据的潜在价值，并基于准确判断信息用户的信息需求，优化配置相应的大数据信息服务资源，实现信息供应与信息需求的直接对接、较好匹配。同时，在信息供需上较为精准地对接，也必然提高了图书馆服务信息资源的价值密度和信息可用度，降低了图书馆在信息资源配置及信息用户在信息获取上的成本，优化了信息流上各信息主体直接或间接的经济效益，产生信息资源应用上的经济性凸显图书馆信息整合中的信息经济价值。

（4）运行高效管理，提高服务质量

在大数据环境下，一方面是多源、异构、多维的信息资源，另一方面是多元、碎片、个性的信息需求，这就对信息服务平台的信息管理和服务效率提出了更高的要求。图书馆通过信息整合，能精练聚合信息资源和精准识别信息需求，实现平台信息流程的高效运行，增强信息资源的利用率和信息服务的实效性。有效的信息整合带来了高效的流程信息管理和高质量的信息服务，发挥出各种资源的最佳使用效益和服务的整体效益，进而提升图书馆信息服务的经济效益和社会效益，显现出图书馆信息整合中图书馆的存在价值。

（四）大数据环境下图书馆信息整合模式

图书馆信息整合是在大数据环境下信息用户的信息需求不断膨胀的过程中日益凸显其作用的，构建合理的信息整合模式是实现信息资源最佳配置、充分利用进而促进信息不断增值的重要条件之一。

1.大数据环境下图书馆信息整合的本质

按照哲学的基本观点，任何信息之间的相互联系和相互作用都是普遍存在的，大数据环境下图书馆信息整合正是以信息间的相互关系为前提和整合目标的。这里的信息包括信息实体及信息实体相关特征，信息关系包括信息实体间关联以及信息实体相关特征间的关联。信息实体间及信息实体相关特征间相互关联的状态是客观存在的，但由于信息实体结构的多样性、复杂性，彼此间的相互关系容易被隐藏或割裂。因此，大数据环境下图书馆信息整合的本质就是要将隐藏在各种异构信息实体间及信息实体相关特征间的关联进行显性化揭示和链接，实现信息实体及信息实体相关特征间的有机关联。

2.大数据环境下图书馆信息整合模式的构建与解析

大数据环境下的图书馆信息整合要求既基于多源异构的信息特点，又从服务信息用户的需求出发，实现信息资源和信息服务的有机整合。基于大数据在图书馆信息整合中的流程，即大数据从数据源传递到信息用户的过程，以及整合过程中各要素所发挥的作用和所处的层级不同，构建了大数据环境下图书馆信息整合模式。

底层是物理层。物理层是系统运行的软件和硬件环境，为图书馆信息整合提供了可靠支撑。物理层涉及整合过程所需要的各种互联设备、传输媒体和信息技术，包括计算机、视频通信、语音通信等互联设备，无线信道、平衡电缆、光纤等传输媒体以及物联网、云计算、数据库技术等信息技术。物理层的存在为信息资源的分布存储、动态整合、任意链接、随时调取、交互流动，为实现信息系统间的共享、互联互通、互操作创造了物理条件和技术支撑。

　　基础层位于物理层之上，提供规范的信息资源描述标准，为更上层的信息整合与跨数据库互联互访提供基础性支持。基础层包括元数据、XML、分类法和主题词表等数据描述语言。其中，元数据以一套通用的编码规则来处理多源、异质、异构的信息资源，将其归纳到统一的标准体系中；XML 适合万维网信息传输，提供统一的方法来描述和交换独立于应用程序或供应商的结构化数据；分类法和主题词表分别基于标准的分类目录体系和直接体现事物对象分类的标识系统来实现各种信息资源的规范化。只有遵循统一信息描述标准形成的有序数据才能产生无限的价值。因此，基础层是前提。

　　基础层之上是整合层，整合层被细分为三层：第一层是数据层。面对纷繁复杂、多源异构的外界大数据信息源，图书馆通过人工采集或借助信息采集软件，筛选出馆藏配置所需的海量原始数据，形成临时数据库。临时数据库里的信息先经过过滤和清洗，过滤噪声、污染信息、清除错误、冗余信息，仅将有价值、可用性强的信息提取并存储下来。然后，按照数据的采集来源和数据类型等，区分数据为结构化、半结构化和非结构化数据。规范区分数据类型为进一步的信息整合做好前期的数据存储准备。功能层位于数据层的上层，也就是实现对异质异构信息的整合。面对结构化、半结构化和非结构化数据，不同结构数据集合里的数据存储是丰富且初始的，它们之间没有逻辑关系，需要进行面向信息资源的信息关系整合。对于结构化数据，采用基于本体和 OPAC（联机公共检索目录）的整合模式，这种模式主要针对传统馆藏资源的整合。先是进行题名、责任者、出版者、内容描述、主题词和分类归属等多个标记元素的编码化和显性化处理，使各种异质的结构化数据以一条条记录的形式存储在计算机上，接着借助领域本体这种专业性的计算机可读的形式化语言来表示概念及显示概念间的相互关系，以形成各学科领域归属的各类型数据库，如馆藏图书数据库、期刊数据库和光盘数据库等，然后再通过 MARC 数据中的相应字段来链接和揭示相关联的信息，并基于OPAC（联机公共检索目录）将图书、期刊、光盘等信息资源整合在一个数据库中，实现图书馆本地结构化信息资源的纵向整合。对于半结构化数据，采用基于链接和跨数据库的整合模式，这种模式主要针对图书馆电子资源的整合。先是通过超文本链接技术，将不同来源、不同级次的有内在关联的信息按相同载体整合起来形成各类型异构数据库，然后再基于跨数据库整合为多个分布异构的数据库，提供统一的检索界面和信息获取通道。如图书馆中的中国知网电子资源，采用基于引文和知识元的链接，将不同页面上的信息节点链接起来以形成非线性的超阅读文本，实现从一个文本链接到相关文本，从一个页面跳转到另一个页面的随意组合链接。同时将期刊数据库、博士学位论文数据库、硕士学位论文数据库、报纸数据库和会议论文数据库等分布异构数据库中的数字资源进行关联，实现异质异构信息资源的一站式跨库、关联检索获取和自由重组。对于非结构化数据，采用基于资源导航的整合模式，这种模式主要针对图书馆网络资源的整合。先是评价和筛选出内容真实可靠、价值密度高的网络信息，然后对分散在各处的网络信息进行资源名称、资源类型、内容简介和关键词等内涵及外延的深层次描述与揭示，并采用学科或主题等分类系统进行分类，最后按照字母、主题等对标引好的网络信息进行整合、排序、归入相应类目，建立资源导航数据库，提供多检索途径的网络资源站点链接。在对各结构类型数据采取相应的模式整合后，还要进行面向信息用户的基于信息门户的整合，这是图书馆服务模式实现以信息为中心向以用户为中心转变的体现。根据信息用户的信息需求，将存储于图书馆本地的内部数据库资源、具有使用权的异构数据库电子资源和外部可公开获取的网络信息资源进行有机组织、链接并整合到一个统一、稳定的数据资源仓储系统中，实现图书馆内各结构化信息资源间的横向整合。

界面层位于最顶层。在数据资源仓储基础上，规范相应的开放接口和规定相关的协议标准，并通过图书馆网站展现信息门户界面，提供浏览、检索、咨询等完善的一站式资源服务体系。信息用户通过单一的检索表达，就能在各异构数据库信息集合中得到响应，获取各结构类型的相关信息聚合服务。信息管理者能在该层完成对图书馆信息门户网站的系统维护、更新，信息资源的调度、应用以及信息用户的咨询反馈。界面层实现了聚合信息资源、信息服务和信息利用的动态机制。

信息整合的最终目的是更好地促进信息利用和服务信息用户。图书馆采取既面向信息资源又面向信息用户的"多元"信息整合模式，有利于大数据环境下信息资源的挖掘和利用，让大数据能更有效地发挥其价值、服务于社会。随着信息技术的日益发展和信息服务理念的不断更新，图书馆信息整合将向着综合一体化的整合模式发展。

二、知识联盟图书馆信息整合

当今社会是一个飞速发展的社会，图书馆的发展也由以前的粗线条逐渐向着细致化、多层次化发展。原先的单方面信息知识交流已经向着双赢的方向不断发展。近年来，随着科研开发的成本和风险不断升高，越来越多的图书馆选择组建知识联盟来共享知识，降低科研开发的成本和风险。知识联盟是战略联盟的一种，是从知识的角度来进行联盟的一种合作方式。在知识联盟过程中，知识共享是知识联盟中合作双方进行知识创新和知识积累的关键。但知识联盟的各方在知识共享方面是一种博弈关系。

当前图书馆之间的竞争需要更加关注信息资源创造、扩散和使用效能的竞争，确保图书馆走上知识管理的新层次。因此，开发信息资源是提高图书馆核心竞争力的重要基础。加强图书馆信息资源开发可以为图书馆的技术创新和知识创新创造更多的有利条件，对图书馆发展具有非常重要的作用。

（一）知识联盟分析

1.知识联盟的内涵

近年来，人们对知识联盟的概念、特征、动机、构建机制等方面进行了较多的探讨，但对知识联盟图书馆的信息资源开发关注程度不够。面对日新月异的生存环境，知识联盟图书馆要获得持续的竞争优势，必须积极开发信息资源，以促进图书馆的不断发展。

（1）知识联盟的定义

21世纪是知识经济时代，图书馆对信息资源的重视度不断提高。合作伙伴共享信息、共同进步知识联盟的兴起，顺应了21世纪用户对信息资源的巨大需求，成为图书馆联盟发展的新趋势。

知识联盟概念的产生源于贝克尔（Becker）和墨菲（Murphy）对知识分工模型的研究，他们将知识生产的累积效果引入企业劳动分工与经济增长的分析之中并提出了知识联盟的概念。知识联盟是知识经济时代为适应外部日益激烈的竞争环境而兴起的一种新的战略组织模式，是从知识角度来分析联盟的动机与内容，是一种全新的知识集约关系。知识联盟是企业战略联盟的高级形式，是指企业在实现创新战略目标的过程中，为共享知识资源、促进知识流动和创造新知识，与其他企业、大学和科研院所之间通过各种契约或股权而结成的资源优势互补、风险共担、知识要素双向或多向流动的松散型结盟组织或利益共同体。目前相关学者已从多个角度对知识联盟进行了研究，如，知识联盟是战略联盟的一种，是从知识的角度来分析联盟的动机与内容。广义地说，它是指企业与企业或其他机构通过结盟方式，共同创建新的知识和进行知识转移；将知识联盟视为一种新型的合作创新模式，因分担研发风险，实现研发活动的规模经济和范围经济而大大提高了知识创新效率。总体来讲，目前学者对知识联盟的理论研究已经进行了一些深入探讨，但对知识联盟在实际应用中面临的知识资源整合的关键问题，即知识共享问题涉及很少，而这一问题又是解决知识联盟中知识资源整合，实现组织内外知识创新的关键。

（2）知识联盟的优势

图书馆实行知识联盟时获取信息的方式，主要有内部开发和外部获取两种重要途径，这两种途径各有缺点与不足。

①内部开发资源。内部开发资源需要图书馆自己投入资源产生知识，伴随着资源的产生，往往是大量的人力物力和实践方面的投入。对于单个图书馆来说，这些往往是不能够接受的。而且当今社会是一个信息技术高速发展的社会，自行进行信息资源的开发，基本上是不可能接受的。

②外部获取资源。外部获取资源主要包括向其他单位购买，与其他图书馆或相关情报机构建立联盟关系等等。向其他单位购买的知识往往只是表面文章，并不能够完全地与自身的需求相适应，甚至产生"水土不服"的特征。而且购买的信息往往会对图书馆的原有组织关系和价值观念产生破坏，降低馆员的凝聚力和信任感。

知识联盟可以使图书馆在获取信息时，实现风险小、学习成本低、学习灵活、学习效率高的优势，同时知识联盟允许联盟图书馆之间进行更加直观和更加贴切的交流与沟通，使得许多的隐性知识得到交流和沟通，交流双方通过不断地学习沟通交流，实现信息的最大化传递，同时双方在交流中各自的观念也有了很大的交流，在更深层次上产生了共鸣，使双方实现信息的有效转移。

知识联盟在使图书馆得到隐性知识的同时使其得到一部分的交叉知识，使图书馆得到更多的资源。总而言之，知识联盟会使一个图书馆的核心能力得到显而易见的加强。

2.知识联盟的信息资源优化方法

随着全球经济一体化的来临，图书馆必须利用先进的技术和理论优势，建立知识联盟参与竞争并发展自身的竞争优势，要合理地利用知识联盟的信息资源。如何才能有效地利用好信息资源，其信息组织模式是关系能否到达资源共享的关键所在，因此必须加强其信息资源组织模式研究，实现知识联盟的目的。知识联盟图书馆是指图书馆为了能够获取其他组织的技术和能力，同时可提供创新的知识而自愿达成的一种长期联盟方式，其目标就是学习和创造知识，实现联盟伙伴共同受益。而联盟的成功与否，取决于知识的转移过程效率，而信息资源的合理利用则是提高知识转移效率的重要原因。知识转移是知识联盟的核心，知识联盟主要通过知识要素的流动来实现各方核心能力的连接与融合，在交互学习中提高各自的创新能力。

知识联盟图书馆是为了共享知识资源、促进知识流动、创造新知识的目的而结成的优势互补、风险共担的图书馆联盟组织。如何开发信息资源，促进知识的共享和转移对于知识联盟图书馆来说至关重要。如何有效地开发信息资源是保证知识联盟图书馆持续成功的重要手段。知识联盟图书馆信息资源开发就是从信息化和信息资源开发视角来研究知识联盟条件下的图书馆等联盟主体自身的信息资源开发，以及通过联盟主体交互作用产生的知识联盟整体的知识创新和信息资源开发的问题。知识联盟图书馆必须合理、充分、有效地开发信息资源，使信息资源的价值真正得以实现。

（1）打造优良的基础设施

图书馆信息化的关键是知识联盟图书馆信息资源的开发，而最关键的是要有计算机网络的支持。

①开发信息资源，建设高质量的知识传播网络是图书馆首先要做的事情，一方面应提高对计算机基础设施建设的投入，建设一个更加有效的图书馆内部网；另一方面，全力构建联盟信息资源库，促进图书馆知识自我生成系统的建设与实行，当然对领域内的最新科技进展也要时刻关注。此外，要结合网络上信息交流的有效场所，如BBS、电子社区等，方便知识联盟图书馆内部的信息交流。

②树立正确的信息价值观，营造一种统一的联盟信息文化。知识联盟图书馆内部馆员要提高对信息、信息资源、知识及其价值和重要性的认识，确立一种信息资源观念，让信息资源在知识联盟运行、管理和发展中的作用得到完全体现。知识联盟领导者应明确信息资源是知识联盟战略资源中相对重要的一部分，并根据联盟发展战略和客观环境把对信息资源的开发作为一项长期系统的工程进行统筹规划。联盟内不同背景文化的成员馆之间要把进行良好的沟通放在一个极其重要的位置，联盟的管理者要清醒地认识到联盟者之间的文化差异。通过一定跨文化的培训，将行为和策略的透明度加以提高来努力消除彼此的隔阂和陌生，使各种文化在联盟中得以渗透和交融，逐渐形成一种统一的、各方所信任的信息文化，为知识联盟图书馆信息资源的开发打造良好的基础。

（2）重视智力资源的建设

作为知识形态存在的信息资源在开发时会经历发现、提取、加工、创新等一系列由繁杂到规则的过程，这就对知识联盟图书馆产生自我知识资源、提高自身信息加工能力提出了要求。知识联盟图书馆首先需要存在于内外部的各种知识信息，以及应用先进的计算机、信息手段，对各种信息资源加以系统地编码、分类、加工和提炼，形成一种归联盟专有的、具有一定规模的、具有动态发展潜力的知识资产。另外尤其重要的是，联盟要持续提高自己的信息交流和知识共享能力。通过建立图书馆自己的信息库，即信息管理人员收集内外用户的信息提问并进行解决，收集联盟成员所共享的知信息资源、知识技能和团队工作经验，把这些具有隐性特质的、不易保留的信息保存为显性知识，实现知识联盟图书馆信息和知识的传递和共享。同时通过各种先进的信息通信手段，如电子邮件和虚拟社区等进行信息交流。这样，知识联盟各方频繁而广泛的信息交流增加了联盟的密切度，有利于发掘更多合作机会。

（3）注重人力资源的开发

人力资源管理信息化是图书馆信息化的一项重要组成部分。不论信息技术如何先进，信息资源开发的操纵者始终是人，信息交流、信息服务、信息组织、知识转移、知识创新等也必须由人来实施。知识联盟图书馆一方面要通过信息共享、信息传递等机制，加强联盟图书馆员之间的沟通和交流，不断培养馆员的信息素质，培养知识型馆员；另一方面加大对人才的保护力度，提高馆员的成就感，实施各种人才激励制度，提高馆员的工作积极性和知识创造性，通过不断地发挥馆长的才智来生产新的知识。

（二）知识联盟图书馆信息整合现状分析

1.知识联盟图书馆信息整合定义

信息资源整合是为了实现知识联盟图书馆的目标和宗旨，运用各种现代信息管理的理论、技术和方法，对各个相对独立的数字资源系统中的数据对象、功能结构及其互动关系进行融合、类聚和重组，从图书馆发展战略高度把各种类型的信息加以科学管理，重新结合为一个新的有机整体，形成一个性能更好、效率更高的新的信息资源体系。在知识联盟背景下，一方面，如何才能更加充分有效地开发利用信息资源来强化竞争优势；另一方面，图书馆必须确定与用户及联盟伙伴之间的关系，并据此改变图书馆的内外信息联系方式。所以，在知识联盟图书馆中合理、优化配置信息资源，构建符合时代需求的信息资源组织模式已迫在眉睫。

2.知识联盟图书馆信息整合新要求

（1）科学性原则

首先是使用先进科学的方法来对信息资源的分布规律进行研究，当确定重点信息对象之后，要对信息资源的研究领域充分了解、深入浅出、发现目标、运用情报分析的方法，将正确的信息提供给部门；其次是必须用科学的态度对那些缺乏有效监督的信息资源进行选择，去伪存真、去粗取精，加强信息组织的针对性。信息量过少会导致信息资源匮乏，不能真正满足用户信息需求；过量的信息会使得信息超载造成信息冗余，用户面对海量的信息将无从选择。因此，只有让信息资源保持在一个适中的水平，才能使用户既不感到信息缺乏，也不感到茫然失措。

（2）系统性原则

信息资源只有系统地、连续地进行整合，才能发挥效用，尤其是重点或特色资源，决不能时断时续、支离破碎、不成系统，每一种信息只有当它是整个信息集合体的一个有效组成部分时，才能充分发挥其潜在的能量。

（3）效益性原则

信息资源整合的效益性，包括社会效益和经济效益两个主要方面，社会效益是指信息的使用所产生的有益于社会进步的效果，具体表现在信息资源的完整性、及时性上，给用户所带来的方便与满意程度，信息资源对社会持续发展所起的促进作用等。经济效益是信息资源整合长久发展的深层次动力，具体来说是指在共享过程中注重信息资源成本的节省、防止过度的共享、共享范围的选择、开放的信息共享系统的构建及信息技术的改进等。

（三）新的信息整合体系的构建

1.图书馆自身的转变

（1）完善内部管理机制

我国一些图书馆管理思想和方法较为落后，没有形成积极学习的文化氛围，图书馆缺乏凝聚力和内在发展动力，与构建知识联盟的要求不相适应。图书馆要改变多层次的垂直管理结构为简单化的组织层次，实现组织结构柔性化、保持灵活性；建立起有利于知识的分享、学习和创造开放性的图书馆文化；使拥有相关知识的人获得应有的决策权，鼓励知识开发和共享的激励机制等，使内部管理机制适应组织学习的需要。

（2）培养和提高学习能力

目前我国图书馆的知识生产能力严重不足、知识存量不多、强有力的竞争性知识资本较少，不能适应知识联盟的学习需要。应强化学习意识，增强知识生产能力，才能从根本上提高竞争力。要建立图书馆内部的知识库，内容包括专利、人力资源状况、各部门资料、用户信息等，可以通过网络进行查阅，供馆员学习使用，用来帮助实现内部知识的共享。采取有效的手段，营造持续学习的文化氛围，建立一个有利于馆员学习和交流知识的环境，使馆员积极主动地为图书馆发展而学习，提高学习效率和学习质量。鼓励多元化发展，吸收各方面的不同意见，在图书馆内部形成良好地适应各种变化的机制。开发知识资源，注重对馆员的培训，加大对培训的投资，增加馆员队伍的知识含量，并在此基础上实现共享，转化为图书馆的知识资本。培养团队意识，更多注意团体学习，鼓励合作开发和创新，从更深的层面上实现知识的共享和交流。加强资源信息化，促进信息技术的推广与应用。先进计算机技术及信息技术的采用可以提高知识的获得和使用效率，加强图书馆信息化，建立一套完善的图书馆信息处理、传播反应系统，同时这也将是进行知识联盟的技术基础。

2.政府对信息联盟建设的调控作用

在政府宏观指导的基础上，对联盟的共享资源进行科学、合理的分配与管理。

知识联盟的发展需要一个好的制度环境，政府要为联盟创造一个良好的制度政策环境，发挥应有的协调职能。目前来看，国内图书馆联盟显得不够积极，相对较少，且存在规模较小、领域狭窄、联盟层次较低等问题。对此，政府要引导图书馆提高对联盟的认识和加强合作意识，积极推动国内图书馆间发展多种形式的联盟，提升联盟层次。

3.建立区域图书馆联盟，构建第三方知识联盟平台

建立区域图书馆联盟，构建第三方知识联盟平台，是指区域内各成员馆共同出资、共同承建、共同管理，真正做到配置合理，资源共享为目的而建立的受一定的法律和合同共同约束的区域联合体，其所有权归各成员馆共有。

（1）需求分析

随着信息技术突飞猛进的发展，许多专家认为，第三方图书馆知识联盟平台的发展是未来25年内世界经济发展的一个推动力，是世界经济向知识经济转变的重要推动力。它融合了计算机和网络的信息，作为一个更有效的载体，为未来图书馆的发展提供了无尽的便利。所以，运用计算机技术和网络技术建立的第三方信息平台，为图书馆知识联盟信息整合体系的构建提供了很大的便利。第三方信息平台是将各个图书馆的各种信息资源传递到网络上，从而借助网络这个有效的平台完成各种交流，资源互通、信息共享。通过该平台可以将自己的信息推向全国乃至于国际。

构建第三方知识联盟平台，必将会对信息整合产生巨大的推动作用。平台可以融合交易双方或者是流程上下游图书馆的信息资源，进行资源合理分配，实现信息的有效整合。

（2）实现功能

注册登录功能，图书馆可以在系统上进行注册，填写自己的信息、用户的需求等。搜索功能，依据此功能，图书馆可以找到自己需要的信息或者找到与自己有业务交流及信息交流的图书馆或情报机构。

建立连接功能，图书馆可以与自己的合作伙伴建立有效连接关系，将其设置为自己的关键图书馆。

信息交流功能，这是本系统最关键的部分。这里的信息交流并不是单纯的信息之间的传输和发送，这里必须是一个完整而有效的系统，各成员馆相互之间通过这个部分将自己的信息系统进行互相连接，通过一定的安全机制，在保证自己的信息安全的基础上，对不同来源、不同层次、不同结构、不同内容的知识进行综合和集成，实施再建构，使单一知识、零散知识、新旧知识经过整合提升形成新的知识体系，完成信息的充分交流，以便更好地满足用户的信息需求。在新的信息环境中用户不再仅仅充当信息接收者的角色，同时也是信息的生产者、传递

者，用户通过知识联盟平台进行科学交流来实现知识、信息的传播，满足了自身的信息需求；同时，用户通过吸收信息而创造出新信息、新知识并与其他用户共享，在信息交流与共享中用户也扮演着信息服务者的角色。

知识共享功能，这是本系统最终要实现的目的。其基本思路是先进行各成员馆内部的资源整合，在此基础上再进行与其他成员馆的资源共享整合，在联盟中每个成员馆都可以视为一个整体上的资源集合，向中心节点提供标准元数据，中心节点则包括联盟内所有资源的元数据和检索服务的索引数据。作为各成员馆的用户，其面对的是一个本馆所有资源的整合体，而不是单个分散的数据库，用户可以在一个数据检索平台内检索本馆的全部资源。而作为联盟的用户，其面对的也是一个整体上的联盟资源集合，也可以在一个系统中检索联盟中全部的共享资源。

以上几项功能只是笔者设计的知识整合平台体系的重要部分，并且只做了简单的分析，还有待今后做进一步的研究以加完善。

知识联盟图书馆建立的根本目的还在于促进资源共享，降低数据资源建设或购置的成本，提高资源的服务效益和贡献率。实践证明，图书馆构建知识联盟整合体系，可以联合各成员馆的优势进行资源的优化组合，充分利用计算机网络技术和信息技术，真正实现资源共享，从而使联盟的整体功效不局限于简单的 1+1=2，而是取得 1+1 > 2 的放大效应甚至乘数效应。目前，国内图书馆建立的知识联盟信息整合体系仍然不是很完善，一些图书馆虽然建立了知识联盟信息整合体系，但由于自身及其他原因的作用，建立了知识联盟整合体系却不能完全发挥自己的作用，信息不能够完全有效地利用，不能达到信息利用的最大化。

三、数字图书馆信息资源整合

随着网络信息化的迅猛发展，传统图书馆的数字信息资源不断地得到补充和完善，图书馆数字化发展趋势越发明显。为了使图书馆充分发挥其职能，更好地服务于社会，为读者提供全面的信息资源就显得极其重要。本节简要阐述数字图书馆背景下信息资源整合的内涵、意义、现状、发展前景等，进一步提出数字图书馆信息资源整合的方法，为加快图书馆信息资源整合提出解决对策。

（一）数字图书馆的内涵及进行信息资源整合的意义

1.数字图书馆的内涵

数字图书馆就是针对不同的网络环境，通过异构操作系统之间的数据库资源，完成分布式管理，进而实现资源数字化，并将这些数字化资源转换为针对用户的智能服务，满足用户对信息的需求。由此可以看出，数字图书馆应当具备三大基本要素：信息资源数字化、分布式管理、智能服务。信息资源数字化是指将图书文献内容转化为计算机语言存储在计算机终端中，用户根据实际需要通过计算机进行搜索查找，在检索的过程中，计算机能有效甄别信息正确与否；数字图书馆分布式管理则保证了在用户对信息资源进行搜索时，能有效分布到计算机终端中的所有信息，即使是对异构系统下的数字图书馆也不会造成影响，分布式管理有效保障了所有类型的信息数据都能够统一进行管理；智能服务是用户快速准确地从大量数字化资源中检索到自己所需信息的重要保障，严格贯穿于前面两大要素的实施过程中。

2.数字图书馆进行资源整合的意义

知识经济要实现发展，必然离不开数字图书馆对信息资源的数字化整合，数字图书馆进行资源整合也符合图书馆未来发展的需要，具有多方面的重要意义。

有利于促进文化传播，实现文明传承。数字图书馆资源整合有利于促进文化强国建设进程，一方面能够将图书馆的受众扩大到社区、家庭等任何普及信息技术的地方，人们将更愿意接受数字化的信息资源，促进图书馆文化传播职能的实现；另一方面用户可以自由选择时间、地点阅览信息资源，有利在全社会形成一种学习的风气，全面提高人们的学习能力和综合素质。

促进数字图书馆信息利用与利益的最大化。数字图书馆资源整合能够有效提升图书馆的信息服务能力，确保图书馆的信息资源得到充分利用。在网络信息化高速发展的今天，所有信息的传播基本上都离不开信息和网络。通过科学、系统的资源整合，能够有效实现图书馆文献资源和各种信息资源的共享，大大提高信息资源的利用率，不仅可以实现数字图书馆信息利用的最大化，而且可以实现数字图书馆利益的最大化。

多样化的信息形式能够提升用户的文化品位。整合后的信息资源不仅包括纸质书刊，更能生成多样化的信息形式，如当下很流行的音频资料、视频资料、读书类APP等，这些信息形式更能吸引年轻受众群体。不同的用户可以在线上与图书馆取得联系，或者在任意电脑终端登录数字图书馆进行资源查阅，与此同时，图书馆还能通过抓住不同年龄受众群体的心理特征，设计具有吸引力的信息形式，扩大用户的阅读面。

（二）数字图书馆信息资源整合现状浅析

由于数字图书馆在我国起步较晚，参与投入方主要是政府，或免费或有偿供读者使用。截至目前，我国数字图书馆建设已取得一定成果，但也存在不少问题。由于数字图书馆的标准模式缺乏建构性和系统性，导致我国数字图书馆在一定程度上处于不成体系的、零散的状态，这种缺乏规范性标准的发展现状对数字图书馆信息资源整合的利用和传播都是十分不利的。各图书馆之间难以建立有效联系，无法进行高效的资源信息共享，形成了数字图书馆难以进行资源整合的局面。缺乏规范性的标准还体现在资源数字化所使用的软硬件选择及使用界面上，由于缺乏信息意识，不同的系统会出现信息冲突，严重阻碍了用户对信息资源的有效利用和共享。

信息资源整合需要强大的信息技术做支撑，只有在信息技术的发展和不断完善中及时处理数字图书馆资源整合过程中实际出现的问题，才能使数字图书馆平台不断得以完善，进而确保数字图书馆平台能够进行有效升级和更新，促进数字图书馆的稳定发展。

（三）发展数字图书馆信息资源整合的前景

从当前的发展形势来看，数字图书馆进行信息资源整合的发展前景较好，这是由以下三个方面的因素促成的：一是用户不断增长的个性化需求。二是新时代下社会精神文明的需求。三是人们有效利用社会资源的实际需求。只有不断推动数字图书馆进行资源再整合，切实加快数字图书馆信息资源规范化和系统化的发展，才能优化数字图书馆数据信息的运用，高效利用好数据资源，促进数字图书馆的全面发展，这也是新时代精神文明发展的必然要求。

1.具有广阔的市场空间

随着改革开放的深入，我国经济总量增长态势良好，人们的生活水平不断提高，在物质基础得到改善的情况下，人们的精神需求也在增长，但我国国民的精神文化建设却明显滞后。当前，人们的生活、工作和学习都已经离不开信息技术，数字图书馆作为人们学习的主要阵地更是如此。数字图书馆能够利用先进的信息技术，不受环境、地域等传统因素的影响，快速准确地为用户提供他们需要的信息，使用户体验到高效简洁的检索过程。同时，数字图书馆可以打造有特色的个性化服务，根据用户喜好和差异等提供多元化服务，并在这个过程中不断探索用户感兴趣的潜在信息及其价值，缩短用户与数字图书馆之间的距离。

2.拥有广泛的用户群体

数字图书馆能够不受时间、地点等因素的影响，随时随地为用户提供信息服务，已成为当前非常流行的一种阅览和学习方式。广泛的用户群体是数字图书馆不断进行信息资源整合的动力，不同的用户有着不同的个性化信息需求，唯有通过不断完善数字图书馆信息平台，对图书馆信息资源进行规范系统的整合，才能让广泛的用户群体从数字图书馆中获得良好、深刻的使用体验，信息资源整合的优势使数字图书馆越来越受到人们的认可和喜爱。

3.不断完善的技术支撑

创新和完善的技术支撑是数字图书馆不断发展的动力和前提，也是数字图书馆发展过程中信息资源整合现存问题的有效解决手段。数字图书馆的发展离不开计算机网络通信技术的发展，反过来，计算机网络通信技术的发展能促进数字图书馆的高效发展，同时也能提升数字图书馆进行信息资源整合的能力。

（四）数字图书馆高效整合信息资源的策略初探

1.不断完善通信技术，有效推动资源整合

网络通信技术是支撑数字图书馆进行信息资源整合的根本，只有不断完善、升级计算机通信技术，满足数字图书馆信息资源整合的根本需要，才能有效推动资源整合的开展。随着信息技术的不断升级和更新，如何利用好这些技术去推动数字图书馆进行信息资源整合是目前人们应该重点考虑的问题。笔者认为，图书馆需要对越来越趋于完善的技术进行整合，重点是将数字图书馆的软件技术进行科学规范地整合，不断建立数字图书馆良好的运作机制，在进行科学化、规范化的整合过程中，充分融入图书馆信息资源，再通过专业平台使资源整合优势凸显出来。

2.优化信息导航与检索，抓好整合关键

用户在进行数字图书馆体验时，信息导航与信息检索分类能够带给用户最直观的使用体验，不断规范信息导航及信息检索分类将会大幅提升资源整合的实效。一般来说，图书馆可以通过对资源分类和查找方式进行数字化整合，将错综复杂的信息资源整合成一个资源网，按照资源类型的不同，将资源按照一定的规律排列起来，基本实现在庞大数据库的基础上建立行之有效的信息导航和检索模式。对于整合后的资源，用户可以按照自己的喜好和实际需求进行个性化检索和查找，操作起来会更加便捷。

3.整合特殊门类知识，提升资源整合实效

网络信息资源是一个庞大的知识系统，部分用户仅对某一类型的知识有特殊需求，通过整合这些相对冷门的知识，能够实现数字图书馆资源整合"零死角"，有助于切实提升资源整合实效。图书馆通过设立特殊知识门类，能够为用户提供更专业、更深入的知识，使用户获取质量更高的信息。反过来说，这部分冷门知识如果被充分利用，也会促进数字图书馆的信息资源"活"起来。

信息资源整合的核心问题是整合机制，随着资源整合理论和整合实践的不断发展，资源整合机制也在不断得到完善和进步。网络信息技术的日益成熟加快了我国图书馆的数字化进程，资源共享成为图书馆界共同的愿望，而资源整合是实现资源共享的基本途径，对加快我国数字图书馆的建设具有重大意义。同时，进行资源整合也是大数据时代背景下拉动我国经济文化稳定快速发展，提升我国综合国力的必然要求。

四、图书馆网站政府公开信息整合

政府是国家政策的制定者，是国家发展方向的导引者，同时政府掌握了社会绝大部分信息资源，政府的信息公开与整合对民众了解政策导向与社会发展方向具有重要的作用。这就需要合适地公开信息发布与品牌整合，但是新闻媒体等平台的时效性较强，而很多国家政策的制定都是长期导向的，因此，政府的公开信息整合平台需要具备信息储存与信息查阅能力。图书馆可以很好地满足这一要求。图书馆是重要的基础设施，民众可以随时在其中查询所需要的资料与信息。随着信息化建设的推进，图书馆网站更是进一步打破了时间与空间的界限，可以随时为民众提供政府公开信息整合服务。

（一）图书馆政府公开信息整合服务的优势

图书馆是以政府为主导的基础设施，其天然具备正当性与权威性。而且国家法律法规也明确规定共同图书馆有义务为民众提供政府公开信息整合的服务。图书馆的公益性，决定了民众在其中获取信息资源的成本较低，而且不受身份的限制，任何一个我国公民都可以平等地在图书馆中获得信息服务。随着数字化图书馆建设的推进，图书馆应用了大量的数据技术，如大数据技术、云计算技术等，并建立了网上图书馆，即图书馆网站。数字化图书馆进一步打破了时间与空间的限制，使民众可以随时随地查阅相关信息，而且图书馆的信息数据资源丰富全面，信息管理系统先进，查阅资料的效率更高。作为政府公开信息整合发布的重要平台，图书馆的权威性与准确性得以保证，图书馆通过对政府公开信息的合理整合，可以让民众以较短的时间获取较大的信息容量，并且保证了信息的真实性与权威性，相比于网络上其他五花八门的信息，图书馆网站帮助民众省略了信息鉴别的环节，效率更高，而且实时性也更强。

（二）图书馆网站政府公开信息整合的现状

图书馆网站对政府的公开信息一般要先进行归类整理，通过实时整合后，全面地提供给读者。这有效提高了信息获取的效率，但是在实际应用中还存在一些问题，主要如下：

1.信息接收具有被动性

《中华人民共和国政府信息公开条例》规定，各级政府有义务主动为图书馆提供政府公开信息，换言之就是图书馆是处于被动获取信息的地位。但是图书馆与政府机关是两个不同的职能部门，图书馆的工作人员可能不能完全理解政府公开信息的内容、概念以及导向。这导致了在进行政府公开信息整合时经常出现问题，如格式问题、概念混淆、整合类目不清、信息过于简单没有进行深层次的加工等。而各级政府大部分提供的公开信息都是未经处理的初始信息，需要图书馆人员进行提取与整合，也进一步加大了公开信息整合的难度。此外，部分政府单位提供的公开信息也不够全面，这导致了信息缺失问题。

2. 覆盖人群不足

图书馆网站虽然提供了政府公开信息整合服务，但是其时效性较差，最新政策与信息往往要经过一段时间后才会在网站公布。且内容大多数过于简短，没有深入分析与评价。而且由于网络的新兴属性，其并未覆盖我国的所有人群，尤其是老年人群体的覆盖率不足。大部分在图书馆网站获取信息的都是中青年人，此外，针对视听障碍人群的关怀也不够，人性化设计不足。影响了信息传播的效率。

3. 设施配置不全面，宣传推广力度不足

目前在我国，很多人并不知道图书馆具有提供政府信息整合服务的能力，这是由于对图书馆功能的宣传不足，且图书馆也未就政府公开信息整合的查询提供专门的资金进行设备与资源的配置，这进一步限制了其职能的发挥。

（三）提升图书馆政府信息公开服务的方案

1. 完善政府、图书馆的合作机制

要想有效发挥图书馆政府公开信息整合服务的职能，最重要的是建立明确的政府单位与图书馆信息互通的长效合作机制。各级政府单位以及图书馆、档案馆等要明确自身职能，主动提供与获取信息，提高图书馆获取政府公开信息的完整性。尤其是与民生息息相关的信息，如经济、教育、环保、医疗等。并且要制定固定的格式，保证信息的通用性，实现不同层级单位与不同类型单位之间的信息共享。

2. 进行多平台的资源整合和利用

针对覆盖人群不足的问题，图书馆应该积极进行多品牌建设，通过网站、APP 以及各类新媒体等，扩大政府公开信息发布的范围，尽量覆盖更广的人群。并且要制定统一的标准，降低多平台发布的难度，尤其在数字图书馆大力建设的背景下，图书馆应该利用数字技术，确实提高自身的信息化能力，通过科学的归类整合，为民众提供高效简洁的服务。

3. 完善人才队伍建设，拓宽服务方式

对政府公开信息的整合需要专业的人才进行，图书馆应该加强人才梯队的建设。首先，要通过内部培训的方式，提高现有工作人员的能力。其次，要进行社会招聘，招收素质高、能力强的年轻人加入队伍之中。最后，要与政府单位展开合作，通过人才借用等方式提高对于政府公开信息的整合能力。通过以上方式对政府公开信息进行合理地加工与解读，降低民众理解政府信息的难度，提高政府信息的整合性与全面性。

4.优化宣传和推广

积极通过各种方式宣传图书馆的相关职能，尤其是提高政府公开信息整合服务的职能，让更多民众知道图书馆的属性。并积极进行信息化建设，改善网站操作界面等。

图书馆是我国重要的基础设施，其本身具有公益属性，将政府公开信息整合服务赋予图书馆，有助于促进图书馆的进一步发展。随着数字化图书馆的建设，图书馆的查询与阅览不再有时间和空间的限制，通过建设优秀的人才队伍，为民众提供全面与准确的政府公开信息整合服务。有助于我国政策的推广与落地。

五、云计算的数字图书馆信息资源整合

云计算作为一种新型的信息资源服务及管理模式，有效地推动了数字图书馆信息资源的整合与共享，增强了数据信息的完整度与内在关联性，提升了对信息资源的检索效率与利用率，极大地促进了数字图书馆为用户提供高质量的信息服务。

面对庞大的图书馆信息资源，云计算技术具有非常好的信息存储能力，该技术应用于数字图书馆中，能够为数字图书馆提供强大的技术支持，对信息资源的整合与联通具有重要影响。数字图书馆信息资源整合指的是根据一定的需求，采用各种网络技术使不同类型与格式的信息资源相连接，使信息资源系统经过整合具有检索的功能，从而形成一种跨时空、跨平台以及跨内容的新型资源体系。

（一）云计算技术应用于数字图书馆信息资源整合的意义

1.云计算能为数字图书馆提供更高效的信息资源检索服务

云计算实现了大量普通计算机的集中式管理来为数字图书馆提供超强的计算能力。它不仅可为用户提供规模巨大的在线检索服务，而且可以加快用户检索信息的速率。在构建本地云时，它能够对信息资源进行整合的同时还能实现信息搜索的智能化与一体化，然后再由网络系统通过分析、评价所搜索的信息，来进一步满足用户获取信息的个性化需要。用户还可以通过手机等设备，连接上互联网，在信息检索界面登录并获得认证后，就能根据自身的需求随时随地获取信息资源，这也会使用户的检索满意度大幅提升。

2.云计算推动了数字图书馆信息资源的共享

众多的数字图书馆之间可以通过信息资源整合来共建信息资源共享空间，使各自的系统基础设施得到分享，实现资源的合理利用，有利于各图书馆达成合作、

结成联盟。通过图书馆间的相互交流与共享，用户可以在数据库中查找到很多珍贵的文献资料，并且随着图书馆中数据信息的不断修改、及时更新，用户还可以查询到最新的信息资料，不仅能提高用户对数字资源的使用效率，还能节约成本、降低能耗，促进绿色数据计算目标的实现。

3. 云计算可确保数字图书馆信息数据的完整性

云计算可以保证数据存储与处理的安全性与可靠性，用户可将信息数据放置在云服务商提供的云中，这将有效避免黑客的攻击，使数据免遭破坏。云计算可使图书馆服务器保持正常的运行，尤其是当用户同时检索信息而造成系统访问量过大时，云计算就会对信息资源进行动态分配，使数字图书馆为用户提供不间断的安全服务。此外，云计算可使数字图书馆的运算能力达到最优状态，促进资源的优化配置。

4. 云计算使数字图书馆的服务模式经济化

数字图书馆要处理各种业务，只需用较低的成本购买服务商提供的云服务即可，这能在很大程度上降低数字图书馆建设的投入，节省数字图书馆在软硬件管理及维护方面的费用，还能减少不必要的人力与物力支出，且回报率比较高。在此情况下，数字图书馆可以对开支进行科学合理的规划与控制，这样就可以在核心业务拓展方面投入资金和精力。

（二）基于云计算的数字图书馆信息资源整合内容

云计算背景下数字图书馆信息资源整合，主要包括数据、信息系统、检索方式、协议标准以及技术等方面的整合。

（1）数据整合指的是对分散数据库进行分析、融合，在本质上形成一个全新的虚拟的数字资源系统体系，整合方式是将多个数据库中的共同信息进行提取与归总，目的在于建立一个系统化的数据库。

（2）信息系统整合指的是打破数据库系统多样化的状态，经过对系统中数字资源的重新组合，使整个数据库信息在结构框架上相统一，从而形成一个公用的信息系统，有利于对数字资源的管理。

（3）检索方式整合指的是根据用户的需要，将信息系统中的多种检索方式进行整合，使用户能够使用多模式的检索方式，便于多种运算符与组合的检索，从而实现用户对具体信息进行全方位搜索与精准定位。

（4）协议标准整合指的是针对网络通信协议以及数据组织方式的不同，通过运用一些合适的中间技术手段，将不同的访问协议与数据库在同一界面内进行统一检索。

（6）技术整合指的是合并用于整合数字资源的多种技术，从而避免出现信息孤岛等问题。

（三）基于云计算的数字图书馆信息资源整合机制

对于云计算技术背景下数字图书馆信息资源整合机制的选择，需要通晓云计算的特点，同时明确需要整合的内容。当前数字信息资源的整合机制大体分为三种，即数据仓库、中介封装器、代理等方面的整合机制。

1.数据仓库整合机制使数字图书馆容纳更多的信息资源类型

数据仓库整合机制指的是采用数据仓库的方式，将位于不同服务器的信息资源存储于同一个物理位置，并对这些来源不同的信息资源进行集中化管理，有利于图书馆私有云的建立。该机制能促进对数据的深入挖掘，能使用户通过使用复杂的信息检索，获取更广泛的信息资源。数字图书馆采用这种机制进行资源整合，能在现有馆藏的基础上实现对各种资源的全面整合，使多样化的信息资源汇集于数字图书馆中，从而建立一种立体的 OPAC 资源管理系统，该系统会对各个来源的数据信息资源及时进行更新，便于用户能够结合自身需求去查找最新的信息。另外还可以利用其提升信息资源整合的能力来提高与国外数据系统的兼容性，从而有效实现中外数据的统一检索，并逐步建立起一个更合理、广阔的公有云平台。

2.中介封装器整合机制能消除数字图书馆中信息资源的异构性

此种整合机制采用了一种虚拟的整合形式，并不是在整合系统中对信息资源进行存储，而是借助中介器与封装器来整合信息资源，中介器用于整合用户提问、检索结果等，而封装器用于整合信息源连接、具体查询等，这样就不需要将海量的数字资源进行本地存储。云计算技术背景下的信息源不仅数量庞大，而且更新变化的速度很快，中介封装器整合机制能适应这种特点，实现对信息知识的高效整合并为用户提供个性化服务。这种机制整合信息资源的具体流程为：首先运用信息源选择技术对需要整合的信息源进行确定，接着运用信息抽取技术来转化信息源的格式，使其具有更强的结构与清晰的语义，并结合信息源的运行状态选择最佳查询、调配的方案计划；其次针对信息源来提供一站式访问，通过中介器来整合信息源的结果，并将其统一呈现在用户面前；最后使信息源与用户提问之间建立一定的语义联系，使数字资源的异构性得到消除，并将信息源中的有用部分进行组织整合，这样在很大程度上提升了对信息资源的整合质量以及用户查询信息的速度。

3.代理整合机制能提升数字图书馆信息系统的灵活性及整合效率

代理整合机制是一种最新兴起的数字资源整合机制，它使用了资源 Agent、用户 Agent 以及代理方 Agent。其中资源 Agent 用于处理分布式资源，并根据整合系统的表示形式来转换、描述信息资源；用户 Agent 不仅对用户的信息进行维护，还将整合系统接口提供给用户，便于系统与用户之间产生交互；代理方 Agent 的任务是根据用户 Agent 的查询请求以及所需的资源 Agent，使二者实现有效的匹配。此种机制可以明显提升系统的灵活性及整合效率，使系统更好地适应数字资源的特点，即异构性、分布性。除此之外，Agent 能够较好地适应网络环境，因为其不局限于连续运行的网络环境，用户获取数字资源不再仅是通过 WAP 协议的方式，现在可通过浏览器将手机或 PDA 等多种移动设备连入云服务器中，加上网络收费比较低廉，这便于用户对所需信息资源进行自主、快速的选择。

第二节 公共图书馆信息整合模式

目前，信息资源整合主要有4种模式：基于 OPAC 的整合模式、基于跨库检索的整合模式、基于链接的整合模式和基于导航的整合模式。以下内容将从这4类信息资源整合模式入手，分析各种资源整合模式的方式、特点和存在的问题。

一、基于 OPAC 的整合模式

（一）OPAC 整合模式

OPAC（on line Public Access Catalogue）即联机公共检索目录。它是以馆藏书目数据为内容基础，将互联网上检索频率较高的信息资源整合到 OPAC 平台，使读者可以通过 OPAC 平台检索到馆内外的数字资源，在很大程度上方便了读者，有效地提高了资源利用率。

（二）OPAC 整合模式的特征

这种整合模式实现了馆藏纸质资源与数字资源之间有机结合，能有效提高图书馆资源的访问率和数字资源的利用率。用户可以在不熟悉新的系统和检索方式的情况下检索外馆的数字信息资源。

OPAC 整合模式具有如下特征：

（1）较高的信息准确度；

（2）支持多种检索模式；

（3）具有信息复制、打印等功能；

（4）具有在线使用功能；

（5）具有联合目录查询功能；

（6）具有规范控制功能。

OPAC 整合模式实现了多种资源整合：

（1）馆内馆外资源目录资源的整合；

（2）图书资源与随书光盘资源的整合；

（3）图书资源与数字资源的整合；

（4）纸质期刊与数字电子期刊的整合；

（5）本馆数据库与馆外数据库的整合。

（三）OPAC整合模式存在的主要问题

虽然OPAC整合模式在信息资源整合方面起到了积极的促进作用，但它仍有着先天不足。主要的问题有以下几点：

（1）整合电子资源质量较低，由于一些数据库不能完全地支持开放链接（Open RUL）标准，这导致信息资源的链接地址不稳定。当数据库中的信息资源发生更新或地址变动时，可能会导致链接地址失效，这将严重影响读者使用，降低整合效率。

（2）整合系统功能性不强，整合资源需要OPAC系统为使用者提供更大的功能权限，而使用功能需要系统开发商的配合。

（3）整合对象的范围较窄，机读目录（MARC）格式加工处理信息资源的方式，具有成本较高，更新和维护难度较大的特点，这会极大地限制其使用范围。

（4）整合检索的应用层级不高，一般只能实现目录层的整合检索。因为OPAC整合模式一般遵循Z39.50协议，虽然该协议从理论上能实现全文检索，但大多数图书馆检索应用仍以目录层次为主，这导致用户只能检索得到该期刊目录，而无法直接得到文章的全文链接地址。

二、基于跨库检索的整合模式

（一）跨库检索整合模式

跨库检索平台，又称统一检索平台，实现了同一界面内一次性检索就能得到所有数据库中资源的功能。它为用户提供了统一的检索界面和信息反馈，具有多个数据库同时检索的功能，它有效地解决了用户在不同的检索系统中检索信息时，需要再次登录、重复检索、多次筛选的问题，从而大大提高了信息检索效率。跨库检索系统主要由两个部分组成：

（1）检索界面的整合；

（2）数据库之间的信息整合。

（二）跨库检索整合模式的特征

主要特征是：检索效率高，一次认证、一次检索、得到全部检索结果。具有服务质量好，标准统一，操作规范，简洁方便等优势。

（三）跨库检索整合模式存在的主要问题

整合检索系统在理论上比较先进，但由于技术等诸多因素，还没有达到理想的效果，还存在以下问题：

（1）较低的查准率和查全率。由于其检索界面受到各类数据库系统原有的搜索引擎的限制，导致其只能使用与各种数据库通用的搜索引擎，而可能无法利用数据库原有的搜索引擎。因此，跨库检索整合模式不支持对数据库的高级检索，更无法完全替代原数据库检索系统，其查准率和查全率较低。

（2）无法在大范围中实现。由于它无法获得各种数据库使用权限，并且需要遵守必要的数据库标准和资源共享检索协议，因此只能在小范围的数据库中实现，很难在大范围普及。

三、基于资源导航的整合模式

（一）基于资源导航的整合模式

资源导航系统指将各类信息资源的检索入口整合在一起，建立资源导航库。向读者提供该资源的统一检索入口。读者可以根据信息的名称、关键词、标识等资源特征检索所需的信息资源。

（二）基于资源导航的整合模式的特征

这种方式使用户能够快速全面地了解信息资源的状况，提高了用户对信息资源的选择和利用效率。此外它实现了馆内资源和网上资源相结合的整合，弥补了馆内资源的不足。资源导航系统一般具有以下功能：字顺浏览功能、分类浏览功能、关键词检索功能，用户可以使用这些功能找到所需的信息资源，并利用超文本链接提供检索入口，对检索到所需资源提供目录或全文。

（三）基于资源导航整合模式存在的主要问题

在资源导航整合模式使用之初，就存在着一些先天性不足：

（1）资源导航整合是较低层次的整合方式，它仅能整合信息资源的表现层，而无法对资源内容实现内容层及更高层次的整合，它只能应用于信息资源整合中的过渡阶段。

（2）资源导航系统无法为用户提供真正"一步到位"的服务，由于该系统无法将分布的资源整合在一起，它仅能提供高效的信息资源检索入口服务。而实际应用中，读者仍需重复性进行检索操作和筛选结果。

（3）适合的人群范围较小，这种检索系统仅适合于对不了解所需信息源状况的读者，而对于已经熟悉了解需要检索内容的用户来说，他们并不需要使用导航系统。

（4）导航系统的成功率较低，由于馆藏资源的增减、数据库的调整、刊名的变化等各种原因会导致信息资源链接地址失效，如果没有对检索系统进行及时维护，将会降低导航系统的检索效率。

四、基于超级链接的整合模式

（一）基于超级链接的整合模式

超级链接整合模式是指将图书馆数字资源，通过链接功能，将相互关联的数字资源链接在一起，从而增强了相互有联系的信息紧密度，提高了资源检索效率。目前，由于主流的检索工具仍无法在有些数据库中应用，用户需要先从文献摘要数据库中检索到文献资料后，再进入文献数据库查找全文。超级链接信息资源整合，使检索系统具有直接连接到文章的功能，实现了从分布式检索到一站式检索的跨越。

（二）基于超级链接整合模式的特征

超级链接整合方式是指将不同类型、层次的信息源资，依据链接机制整合起来，理顺各个内容之间的关系，形成了内容充实、逻辑严谨的信息资源体系，便于用户获取相关资源和自由重组知识，有效地提高了信息资源利用率。超级链接整合具有超文本链接特性，这是与其他集中式资源整合方式的主要区别。它主要有3种类型：

（1）封闭式静态链接系统；

（2）开放式静态链接系统；

（3）开放式动态链接系统。

（三）基于超级链接整合模式存在的问题

超级链接整合模式主要存在以下问题：

（1）容易造成漏检。由于该系统只能使用文章的参考文献链接地址查找资料，很可能导致无法全部检测到所需要的数据资源，造成漏检。

（2）易使读者容易迷失检索方向。当使用超级链接整合模式进行深层次的资源检索时，随着链接层次的深入而导致检索到的信息成分过于繁杂，使读者迷失其中。

（3）容易发生链接地址失效。由于数据库提供有效的信息资源链接数量有限，当用户使用非开放的链接检索系统搜索信息资源时，容易发生链接地址失效的情况。

（4）检索服务的功能设置不一致。如SFX链接是由厂商嵌入在产品中的，而每种检索系统在功能上多存在差异，例如有的在实现SFX链接检索功能的位置是不一样的，有的使用的标识也不一样，这些差异为SFX链接服务的使用造成了困难。

五、图书馆信息资源整合模式的改进策略

为了提高信息资源整合的效率，需要对信息资源整合模式进行改进和完善。笔者提供了几种信息资源整合的方法，以期提高信息资源整合效率，为读者提供更好的信息检索服务。

（一）科学统筹规划信息资源整合

为了提高信息资源整合的效率，应当科学合理地规划检索系统。要根据读者需要，制定出既符合实际情况又能最大化满足读者需要的建设目标，对检索系统进行统筹规划，明确资源整合的原则、标准和规范，做到各项规则切实可行，避免实施过程中的随意性与盲目性。要重点整合优势学科、主干学科中的信息资源，优先选取信息资源量充足、用户获取便捷、能够及时更新的数字信息资源，扎实推进信息整合工作，全面提高资源整合的效率及信息资源的质量。

（二）采用科学的标准和技术

为了实现不同系统间的信息资源共享，需要对各种分布杂乱的信息资源进行信息资源整合，实现信息资源整合的关键在于遵循标准化的规范体系。因此，面对分散杂乱信息资源与不断变化和开放的服务环境，应采用科学的标准规范体系，确保各种信息在各个数据库之间实现共享。同时，加强信息交流和队伍建设，搭建信息资源整合信息的交流平台，不断学习和探索运用新的科学标准和技术，不断借鉴好的经验和方法。

（三）建立开放式信息资源整合机制

建立健全开放信息资源整合机制，需要确立开放式资源共享目标，设计高效的信息资源检索系统。根据用户需求对检索系统进行系统化集成与个性化重组，制定服务系统的开放描述、开放数据接口和开放服务接口规范；制定科学化的管理机制，实现对开放式服务系统功能与流程的有效管理。

（四）提高动态链接资源的可靠性和稳定性

动态虚拟资源的链接是指在现有信息资源库的基础上，将相关的信息依据一些规则重新整合，形成更加有序的信息链或信息集合。如果处理不当会导致系统中频繁出现链接地址失效，这将会严重影响信息整合的质量和利用效率。所以应当提高动态链接资源的可靠性和稳定性。

（五）及时更新和维护资源整合系统

为了保障资源整合系统高效、有序运行，需要及时对各种资源导航库进行更新和维护。要全力做好更新和维护工作，需要坚持三性：一是原则性，规范整合操作系统，建立统一技术标准，扬长避短，保障资源整合系统的健康和完善；二是适用性，因地制宜地制定更新和维护资源整合系统计划，有组织有步骤地做好更新和维护工作；三是创新性，加强更新和维护资源整合系统的人员培训，提高工作技能，增强工作责任，运用高新技术，不断解决更新和维护工作中新问题，不断开创更新和维护工作的新局面。

参考文献

［1］郭放.基层公共图书馆建设与服务研究［M］.长春：吉林出版集团股份有限公司，2021.

［2］郭蕾.公共图书馆服务与阅读推广研究［M］.长春：吉林人民出版社，2022.

［3］郑辉，赵晓丹.现代公共图书馆智慧服务平台建构研究［M］.长春：吉林人民出版社，2020.

［4］张鹏，宁柠，姜淑霞.图书馆信息化建设理论与档案管理实践［M］.长春：吉林人民出版社，2020.

［5］谭亮，黄娜.高校图书馆信息化建设问题及创新对策探究［M］.长春：吉林大学出版社，2019.

［6］张辉梅.公共图书馆管理与读者服务研究［M］.长春：吉林人民出版社，2021.

［7］浦绍鑫.现代公共图书馆资源建设与服务［M］.北京：光明日报出版社，2016.

［8］陈燕琳.新环境下公共图书馆的阅读推广［M］.长春：吉林人民出版社，2022.

［9］韩春磊.公共图书馆馆藏文献资源数字化建设［M］.长春：吉林摄影出版社，2022.

［10］张靖，陈深贵.公共图书馆工作人员入职培训教材［M］.广州中山大学出版社，2022.

［11］段宇锋，金晓明.中国公共图书馆创新案例［M］.上海：上海交通大学出版社，2020.

［12］李瑞欢.公共图书馆工作实务［M］.北京：现代出版社，2018.

［13］王蕴慧，张秀菊.公共图书馆的服务体系建设与创新［M］.北京：中国纺织出版社， 2021.

［14］王世伟.面向未来的公共图书馆问学问道［M］.上海：上海社会科学院出版社， 2020.

［15］宋松.公共图书馆信息资源建设研究［M］.北京：现代出版社， 2019.

［16］张炜.新媒体时代图书馆嵌入式学科服务机制研究——《公共图书馆资源建设与服务》荐读［J］.情报理论与实践，2021，44（08）：205.

［17］杨向荣.新时代背景下公共图书馆资源建设［J］.内蒙古科技与经济，2019（08）：114-116.

［18］姜晓峰.三网融合环境下的图书馆信息化建设——评《图书馆信息化建设与智库服务研究》［J］.中国科技论文，2023，18（08）：935-936.

［19］余芝花.浅谈公共图书馆信息化建设面临的机遇与挑战［J］.文化产业，2022（23）：88-90.

［20］宫启生.后疫情时代高校图书馆信息化建设的若干思考［J］.甘肃科技，2022，38（12）：82-84+95.

［21］庄冬林，郜于章.大数据环境下图书馆信息化建设的研究［J］.信息记录材料，2022，23（04）：173-175.

［22］钱程.科研院所图书馆信息化建设中人性化服务的研究与探索［J］.信息与电脑（理论版），2022，34（01）：224-226.

［23］孙晓梅.浅析读者服务及图书馆信息化建设［J］.商业文化，2021（29）：98-99.

［24］郭想.高校图书馆信息化建设问题研究［J］.办公室业务，2021（14）：108-109.

［25］商淑玲，张瑞."互联网+"时代高职院校图书馆信息化建设［J］.科技与创新，2021（13）：49-50.

［26］孙立公.基于图书馆信息化建设关键性影响因素的研究［J］.现代交际，2021（09）：254-256.

［27］张军堂，刘瑞瑞.图书馆信息化建设服务文旅产业的创新途径探析［J］.西部旅游，2021（04）：61-62.

［28］李琦.图书馆后疫情时期信息化建设的有效实施［J］.兰台内外，2021（04）：52-54.

［29］洪碧云.信息社会公共图书馆信息化建设途径分析［J］.兰台内外，2020（13）：67-68.

［30］江震.新形势下图书馆信息化建设的渠道研究［J］.内江科技，2020，

41（05）：14-15.

[31] 王园园.基层图书馆信息化建设中存在的问题与对策[J].信息记录材料，2020，21（09）：25-26.

[32] 周雅枫.探析网络技术在图书馆信息化建设中的应用[J].信息记录材料，2020，21（10）：121-123.

[33] 宋扬.区块链技术下智慧图书馆信息化建设发展的研究[J].常州信息职业技术学院学报，2019，18（06）：83-87.

[34] 阎静辉.影响图书馆信息化建设的关键性因素探讨[J].电脑知识与技术，2019，15（18）：169-170.

[35] 任广阔.公共图书馆信息化建设与创新服务策略研究[J].办公室业务，2019（17）：64.